日本人が知らない

神事と神道の秘密

火田博文

はじめに

「神事」とは、いったいなんだろう。

神社の祭りや地域のイベントなどで、ときどき聞く言葉だ。どうも神社で行なわれている儀式らしい。そのくらいの受け止め方で、それではどんな儀式を行なうのか、そこにいかなる意味があるのか、詳しく知っている人は意外に少ないのではないだろうか。

「神事」という言葉を辞書で引いてみる。

「神に対する儀式、神を祭ること」などと記されている。「じんじ」「かんごと」「かみわざ」なども言うらしい。神に対して祈りを捧げるようだが、それでは神社にいる神職や巫女が、神事の席でなにを行なうのか。儀式の具体的な内容や手順はどうなっているのか、起源や意味は……。

本書はそんな「神事」について、ひとつひとつ探ってみた。

すると、そこに広がっていたのは、日本人が連綿と受け継いできた「思い」だった。この列島すべての自然に対する、感謝や畏怖。子の成長を願う気持ち。豊作への祈り。

神事の儀式で酒や水を捧げるのも、巫女が舞うのも、季節ごとに賑やかな祭りを行なうのも、すべて私たちの「思い」を、神に届けることにルーツがある。日本人の考える神とはもちろん、生活を取り巻く森羅万象、あまねく自然そのものだ。この列島は恵み豊かである一方、災害も多く、私たちは翻弄されてきた。天と大地とを、ときに敬い、ときに憂う。そうして命のたすきを受け渡してきた日本人ならではの、独特な宗教観……それが「神道《しんとう》」にほかならない。

神道をバックボーンとした神事には、実にさまざまなものがある。身近なところで言えば、厄祓《やくばら》いや子供の宮参り。神社での結婚式。季節ごとのお祭りも、もちろん神事だ。日本人の生活習慣にも、神道の考え方は染みついている。春夏秋冬、四季を表す言葉の語源。花見。占いやおみくじ。これらも神事がもとになっている。「いただきます」と言うことも、実は神事のひとつなのだ。よく「宗教を持たない」といわれる日本人だが、その日常は神事に満ちあふれている。日本人として暮らしていることで、すでに神道や神事を実践しているとさえいえるかもしれない。

そして、これら無辺の神事には、共通のあるひとつの願いが込められている。はるか弥生の頃からの、切なる思い。神輿を担ぐことも、横綱が四股《しこ》を踏むことも、儀式の中で酒を酌み交わすことにいたるまで、あらゆる神事の根っこにはひとつのシンプルな祈りがある。その気持ちを、本書から読み取っていただければ幸いだ。

第二章　現代に伝わる神事と祭りの秘密

第三章 日常の中に残る神事の秘密

第一章　日本人の歴史と神道の秘密

01 神道はいつ生まれた？

神道ほど、そのはじまりが明確ではなく、あいまいな宗教はないかもしれない。いや「宗教」というくくりかたでいいのだろうか、という気さえするのだ。

開祖はいない。確固とした戒律や教えもない。教典もない。これというはっきりした方針がないのである。なにかを教え諭し、導く、西洋的な宗教や仏教とはずいぶんと異なる。

そんな神道を生んだのは、日本人の生活そのものだった。

はるか遠い昔、大陸からこの列島に移り住んできた人々は、その厳しい風土の中で生き抜いていくことになった。夏の猛暑、冬の酷寒、度重なる災害……現代でも同様だが、この国は太古から、自然の猛威に晒されて、人の力ではどうにもならない大きなものに翻弄されてきたのだ。

古代の日本人はそんな大自然を形づくるひとつひとつ、例えば山や川や滝や、太陽や

たわわに実った稲穂。コメは日本人にとって暮らしの根底にあるものだ（©coniferconifer）

月、風や雲にいたるまで、**さまざまなものを畏怖し、慈しみ、人智を超えた神というべきものを見出すようになっていく**のだ。

そして日本人は、苛酷な環境を生きのびるために、大きな改革を行なった。農耕をはじめたのだ。それまでは動物を狩り、木の実や果実を採集し、移動を繰り返すこともある、足もとが不確かな日々を送っていた。しかし大陸からもたらされた稲作は、そんな暮らしを根底から変えたのだ。

コメの大いなる実りによって、日本人の生活にはゆとりが生まれた。水田の周辺に村落をつくって定住するようになり、やがて人口も増えていく。複雑な社会が形成されていった。

コメの恵みをもたらす稲は、一年草植物だ。春に発芽し、夏に生育して、秋にその実をつけて、一年間で枯れてゆく……私たちの祖先は、このサイクルに合わせて暮らしを営みはじめる。

雪解けのころに田を耕して土をほぐし、暖かくなってくる季節に苗を植える。暑さの中で畦の草をむしり、みずみずしく丈を伸ばしていく穂を見守る。そして涼やかな高い空の下で、たっぷりと命を宿した稲穂を刈り取り、豊かな収穫を喜ぶ……。

自然の恵みに人々は感謝をしたことだろう。ときに命を脅かす厳しい森羅万象は、また命を育む土壌でもあったのだ。そんな列島の大自然に対して、日本人はときおり農作業の手を休めて、祈りを捧げるようになっていった。農耕の節目となる田植えや稲刈りの時期に、祭りを行ないはじめたのだ。

地域でとりわけ目立つ大きな岩や木に縄を巻きつけて、村を見守ってくれる存在の宿る場所と見立て、収穫物を捧げる。誰もが一年の無事を喜び、歌い踊ったことだろう。やがて大いなる存在に対して、道ゆきを尋ね、集団の行く末を占う人々も現れてくる。こうして少しずつ、神道というものの原型ができていったのだ。縄を巻きつけた岩や木は、神社へと発展していく。巫女などの指導者も現れ、体系化が進むことになる。

神道の根底にあるものは、日本人の暮らしそのものだ。日々を勤勉に働き、コメづくりを中心に社会の中でひとりひとりが役割を果たし、そして皆で収穫を喜びわかちあう。

巨岩に注連縄を巻き、神籬（ひもろぎ）としたもの。
古代日本人は自然に神が宿ると考えた（©Daiju Azuma）

そのすべてを包みこむ自然と、四季折々の移り変わりを愛おしく思う……。

ほかの宗教とは異なり、誰かに生き方を教えられ、なにかを学ぶものではない。そういう意味では、神道は宗教ではないのかもしれない。神道とは、日々そして季節の生活習慣、自然への畏怖と感謝、それらを感じ、生きること。なにも難しい宗教的な行ないをしなくとも、私たちは日本人というだけですでに、神道を実践しているといえるのだ。

02 この世のあらゆるものが神様

神道には開祖と呼ぶべき存在はいない。キリスト教のイエスや、イスラム教のムハンマド、仏教の釈迦に当たるような人物はいないのだ。**神道の考え方は、教祖や指導者によるものではなく**、日本人の暮らしの中で自然発生的に生まれてきた。

だから、これといった確固な教えや、厳しい戒律なども、やはり存在しない。共同体でゆるやかに決められた生活習慣であるとか、生活を取り巻く自然への畏怖・信仰を大事にして、私たちの祖先は生きてきた。

そうしていつしか形成されてきたのは、きっぱりとものごとを決めて能動的に前進していく社会ではなかった。強力なリーダーがいなくても、お互いにもの言わずとも分かり合える、協調の社会だったのだ。日本人がいま、世間というものを大事にしたり、暗黙のうちに人を労わったり、細やかな気遣いを見せるのも、その根には自然と折り合って暮らしを紡いできた祖先のＤＮＡが受け継がれているからだろう。「和」というものに象徴される日本人の心の在り方も、そのあたりにルーツがあるのかもしれない。

そんな神道に代表される、固有の民族の共同生活の中で生まれた習慣や信仰のことを**「自然宗教」**という。一方で特定の教祖が創設し、教義や教典を持つ宗教は**「創唱宗教」**と呼ばれる。いま世界では、キリスト教やイスラム教、仏教など、創唱宗教を信じる人々が圧倒的多数となっている。私たち日本人は、なかなかレアな存在なのだ。

弟子たちに教えを説くイエス・キリスト。
このような存在がいる宗教を創唱宗教という
(「山上の垂訓」カール・ハインリッヒ・ブロッホ画)

自然宗教はまた「アニミズム」と定義されたりもする。アニミズムとはすべてのものに霊が宿り、それらを信仰するというプリミティブな祈りの形だ。世界各地で、とりわけ少数民族の間で大切にされている。

日本の神道もアニミズムの一種と考えられることがある。や

佐賀・武雄神社のご神木。洞の中に祠が見える。
こうした信仰は創唱宗教と対をなすといえる（©Pekachu）

はり万物に神が宿るという考えを持っているからだ。**日本人は、生活を取り巻くすべてのものや、あらゆる動植物、自然現象に神を見てきた。**八百万《やおよろず》の神である。これは８００万の神がいるというわけではない。数が多い、それも無辺に多いという意味だ。あらゆるものを神さまと捉え、ありがたく思い、敬う……それは厳しい自然環境の中で生きていかねばならなかった日本人が生んだ、ひとつの知恵だったのかもしれない。度重なる自然の猛威と共存していくには、神の業であると考えて受け流していくほかなかったのではないだろうか。

　こうしたことから神道は多神教のひ

とつともいわれるが、たくさんの神がいるというよりも、なにもかもが神なのだから、遍神、汎神というべきだろう。

その偏在する神のひとつが、祖先の魂だ。家族は亡くなっても自分たちを見てくれている。地域社会を守ってくれる。いまよりもはるかに共同体の、家族の絆が強く、またそうでなければ誰も生き抜いてはいけなかった時代、人生を全うした同胞に対する気持ちはそれほどに強かったのだ。人は死ぬと、神になったのだ。

そんな先祖と、自然とに感謝をする儀式……祭りを行なうようになったことが、神道や神事の根源だ。

03 神道には教典や聖典はない？

神道は、キリスト教の聖書、イスラム教のコーランなどにあたる、「聖典」「教典」を持っていない。創唱宗教のほとんどは教典に基づいて信仰生活を送っているのだが、自然宗教である神道はこれといった教えも守るべき戒律も存在しないのだ。

しかし、神道の考え方を体現しているともいえる書物がいくつかある。それは私たちが学校の授業でも習ってきた**『古事記』『日本書紀』『万葉集』**といった歴史的な古典だ。『古事記』は712年に、『日本書紀』は720年に成立した、日本最古の歴史書として知られている。この国の成り立ちや歩み、歴代の天皇やその功績、人々の暮らしぶりを伝えるさまざまな歌などが記されたものだ。原本は残ってはいないが、写本を経ていまにその内容が伝えられている。

『万葉集』は759年に成立した、こちらは日本最古の和歌集だ。長歌や短歌、旋頭歌など、掲載された歌は4536首にも及ぶ。天皇や皇室、貴族など、当時のいわゆる知識階級だけでなく、農民であるとか兵士など一般庶民の歌も多く収録されている点が貴重であるといわれている。

その歌の響きには、私たちの誰もが心の奥底に持っている、里山の風景を呼びさますものがある。

春の野に　霞たなびきうら悲し　この夕影に鶯鳴くも（大伴家持《おおとものやかもち》）

田子の浦ゆ　うち出でて見れば真白にそ　富士の高嶺に雪は降りける（山部赤人《やまのべのあかひと》）

秋の田の　穂の上《へ》に霧《き》らふ朝霞　いつへの方に我が恋やまむ（磐姫皇后《いわのひめのおおきさき》）

自分たちの暮らしを包む自然の様相の、見事な活写。そこには神道を形づくる精神性が見られるのだ。私たち日本人の原点を見る思いさえする。

この『万葉集』を代表する歌人のひとりが、飛鳥時代の官僚であった柿本人麻呂《かきのもとのひとまろ》だ。『万葉集』には長歌19首、短歌75首を寄せている。

近江《おうみ》の海　夕波千鳥《ゆうなみちどり》汝《な》が鳴けば　心もしのにいにしへ思ほゆ

柿本人麻呂が祀られる兵庫・柿本神社（©663highland）

などの歌で知られている。古代日本屈指の歌人であった彼は、死後には自らが詠《うた》った万葉の自然や営みの中に還り、神の一柱となった。「歌の神さま」として崇められる存在になったのだ。いまの兵庫県や島根県にある柿本神社などに祀られ、親しまれている。

こうして大きな足跡を残した人物が、八百万の神々になっていく。それもまた日本の神道の考え方だ。

『古事記』『日本書紀』は日本全体の歴史を記したものだが、地方ごとに異なる細やかな習俗や文化、それに歴史を伝えるものが**『風土記《ふどき》』**である。『古事記』と前後して編纂された。常陸《ひたち》（茨城）、播磨《はりま》（兵庫）、出雲（島根）、豊後《ぶんご》（大分）、肥前（佐賀・長崎）の各『風土記』の写本が残されている。各地域の気候や風土、伝承などには、神道のルーツがあると考えられている。

ちなみに『丹後国（京都北部）風土記』は写本もなく、ほかの書物からの引用でその内容がかろうじて伝わっているものだが、この中に日本人なら誰でも知っている物語がある。浦島太郎の昔話の基礎とされる逸話が収められているのだ。主人公の名は太郎ではなく島子、助けた亀に連れて行かれるのは海底の竜宮城ではなく天空の星々の世界、そこで出会う美しき女性は乙姫ではなく亀姫と、現代の物語と違いはあるが、現実に帰ったら数百年が経過してしまっていた……という点は同じ。おなじみの童話は、太古から伝わってきたものなのだ。

『古事記』『日本書紀』、そして『風土記』といった古典に描かれているのは、日本の国づくりの物語であり、そこでいきいきと活躍する神々の姿。神たちによってこの列島がつくりだされ、生命が満ち、豊かな山河と稲穂の実りに恵まれた国になったと伝えられている。日本神話だ。

その主人公ともいえる存在が、**天照大御神**《あまてらすおおみかみ》だろう。この女神が、天皇の、皇室の祖とされている。そして天照大御神は、太陽にたとえられる神でもある。あらゆるものが神である神道。中でも太陽に、日本人は生命の源を見た。日の輝きと力とを擬人化し、母性を求め、崇めたのだ。

この天照大御神を中心とする、神の系譜とその物語もまた、神道の根本をなしている。

04 古代の神社ではじまった神事

万物に対する畏怖と感謝の念こそが神道の源。とりわけ日本人が大きな存在とみなして特別視したのは、山であるとか巨木、巨岩といったものだった。人間の力ではどうにもならない、巨大で確固とした存在に、神を見たのだ。

自分たちの里のそばにある、そんな山や木々を前に、古代の日本人は季節が移ろうごとに集まったことだろう。春には豊かな実りを祈り、夏には恵みの雨を求め、秋には収穫に感謝する……**八百万の神に気持ちを届けるこの行為こそ、「神事」のはじまりにほかならない。**

そして人々は、神なる巨木に縄を巻きつけたり、あるいは村を守ってくれる山を見晴らす場所に木を組み合わせた門を建てたりするようになる。聖域として区別し、また飾るためのものだった。これが神社のルーツである。やがて縄は注連縄《しめなわ》、門は鳥居へと変化していく。社殿が建設されるようになるのは後世のことで、古代の神社とは大

日本最古の神社・大神神社の大鳥居。
鳥居の向こうにご神体の三輪山をのぞむ（©Saigen Jiro）

自然そのものを敬う実にシンプルなものだった。

その名残が、いまも奈良にある。

「日本最古の神社」ともいわれる**大神神《おおみわじん》社《じゃ》**には、ご神体が保管されている本殿が存在しない。鳥居と、拝殿のみで構成されている。ではご神体はどこにあるかといえば、鳥居から仰ぎ見ることのできる三《み》輪《わ》山《やま》なのだ。**山がご神体という、古代の信仰の形を色濃く残す神社**なのである。

こうした原始的な神社の前で、我々の祖先は豊穣や平和を祈願した。いまに至る神事は、神社とほとんど同時に発生したものと考えられている。

05 巫女の祈りに神事の源がある

古代の神社に人々が集まり、八百万の神に祈りを捧げる……それが「神事」のルーツであるといわれる。では、いったい、なにを祈っていたのだろう。

それはやはり、集団の存続にほかならない。自分たちの遺伝子を後世に残し、伝えていくこと。その本能を祈りに託したのだ。具体的には、子孫の繁栄と、五穀豊穣ということになるだろう。**家族、一族の平和、そのための収穫の安定……これを神に願う役割を担った存在が、巫女《みこ》だった。**

彼女たちは酒やダンスなどによってトランス状態となった後、神を自らの身に憑依させるのだ。神降ろし、神がかりなどといわれる。そして神の御言葉をその口からつむぐのである。巫女によって伝えられた神の意思、「ご託宣」をもとに、人々は農作の方向性を定め、国を統治していったのだ。

この儀式を**「巫（かんなぎ、ふ）」**といった。巫を司る女であるから、巫女と呼ばれ

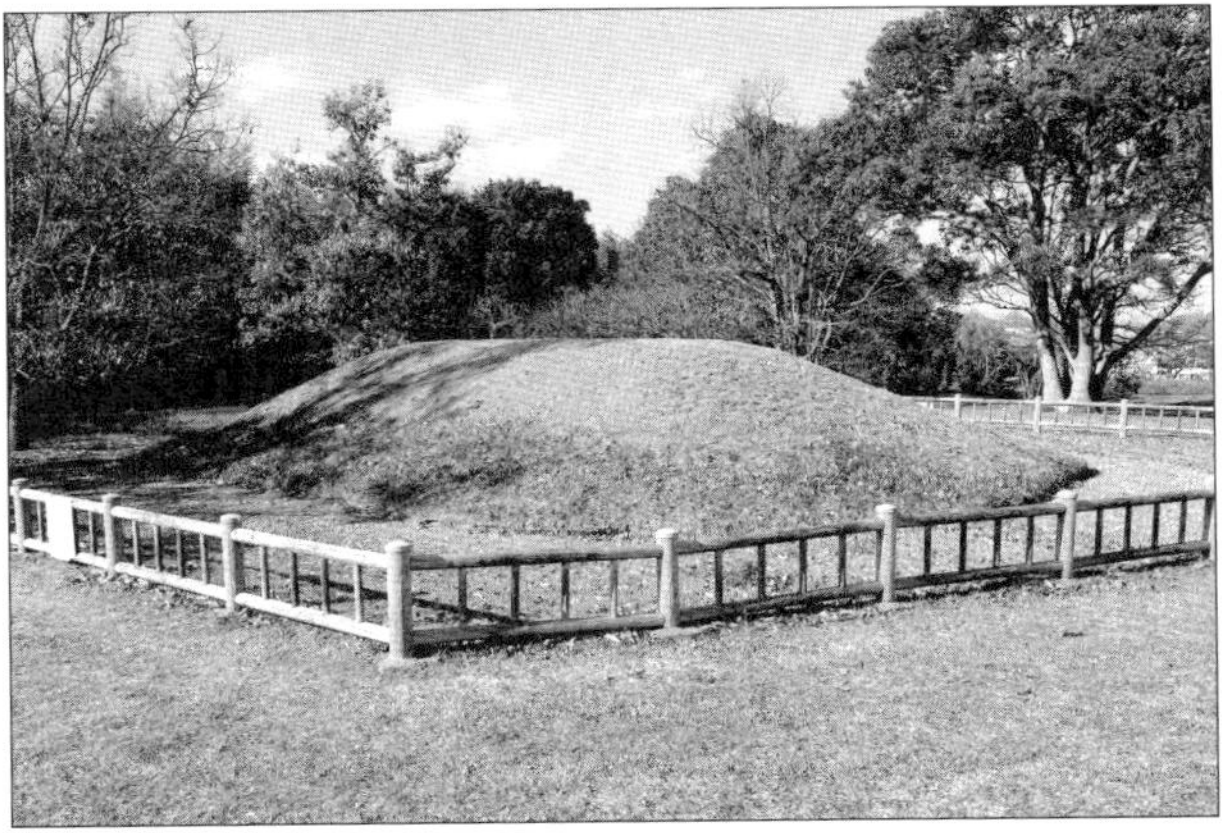

古代の巫女・卑弥呼の墓の１つに比定される福岡・平原遺跡１号墓。弥生時代後期の遺跡だが、卑弥呼の墓かどうかはいまだに謎である（©Saigen Jiro）

たのだ。シャーマンの一種であると考えられている。巫を行なう男性（巫覡《ふげき》）もいたが少数で、古代日本の原始的な政治は、女性が中心となっていた。とりわけ有名な巫女は、かの**卑弥呼**《ひみこ》であろう。

彼女は3世紀頃、西日本のいずこかにあった邪馬台国の統治者でもあったと考えられており、中国の『魏志倭人伝』などに記述が見られる。しかし日本側に資料は現存しておらず、いまに至るも謎の存在だ。卑弥呼を日本神話の主人公とも言える天照大御神に重ねる論もある。

いずれにせよ、巫女による神を呼ぶ儀式こそが神事のルーツだ。そしてこの儀式は、いまも連綿と受け継がれているのである。それが**鎮魂帰神法**《ちんこんきしんほう》だ。呪文を

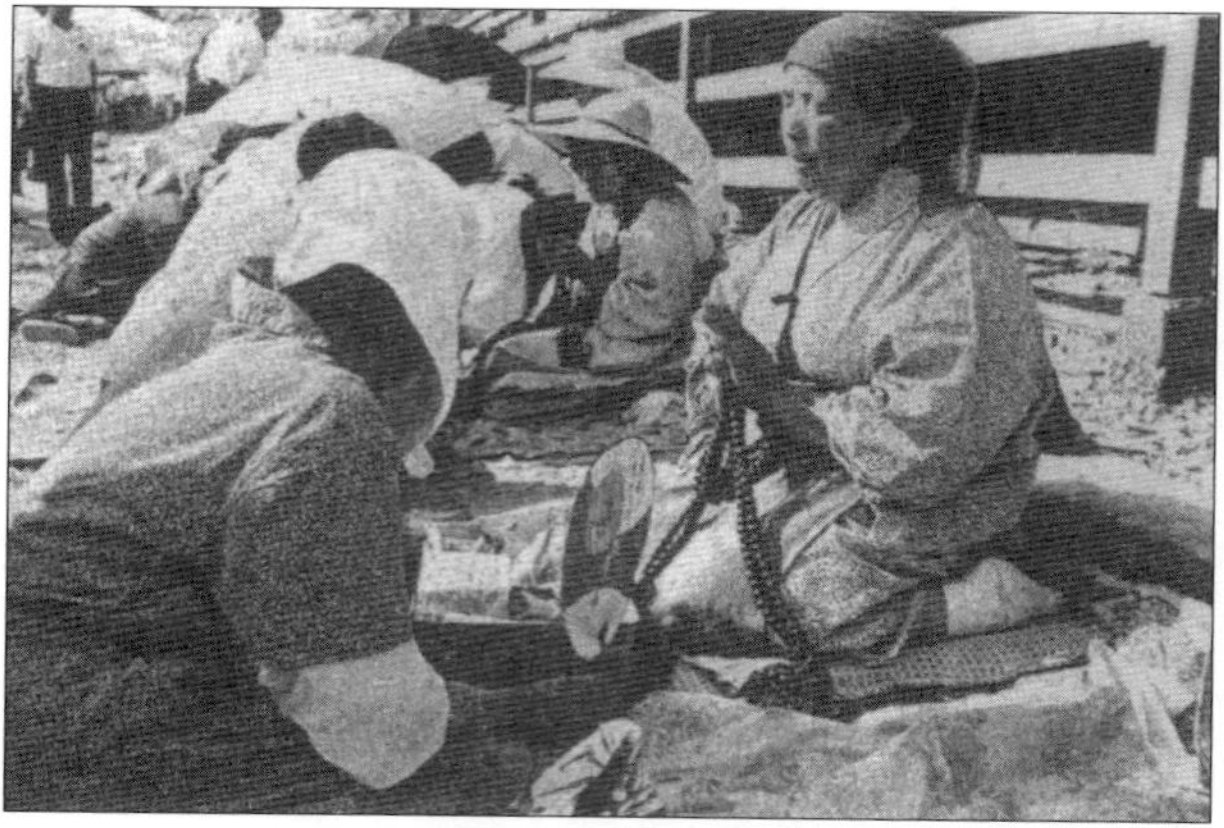

イタコの口寄せ場面（『「イタコ」の誕生』より引用）

唱え、印を結び、自らの魂を揺さぶるなど神がかりとなる術だ。さまざまな方法があるが、奈良県の石上神宮《いそのかみじんぐう》に伝わるものがとくに知られている。現代社会でも、神職を志す者はこの鎮魂帰神法を学び、身につけるのである。

また、死者の霊を降ろし、その言葉を語ることができるというイタコもまた、現代に残る巫女だ。東北地方に多い。関東や東海地方ではイチコ、沖縄ではユタと呼ばれる巫女たちもいる。

原初の神事で、巫女を通じて人々が願ったのは、生命を生みだし、つないでいくことにほかならない。私たちの祖先はそれをなにより大切に思い、八百万の自然に生命の源を見たのだ。この考え方は後に、江戸時代の国学者によって**産霊**《むすひ》という言葉で解説されることになる。産霊とは万物をつくり生命を育む大いなる力のことだ。

この国に最初に現れ、天地を創造した神とされる、いわゆる造化三神《ぞうかのさんしん》のうち、高皇産霊尊《たかみむすひのみこと》と神皇産霊尊《かみむすひのみこと》の名の中にも、産霊という文字が含まれている。ほかにも産霊の名を持つ神は多い。生命の源ともいえるそんな神々に、巫女は祈る。よりよい明日があるようにと。そこに神事のルーツがある。

06 巫女たちが行なった酒づくりの神事

酒を造ることもまた、原始的な神事のひとつだ。

アルコールが貴重だった時代、人に酩酊をもたらす酒は神秘的な飲み物と映ったはずだ。巫女がトランス状態に入るトリガーとしても使われたことだろう。**そんな酒を醸造する行為は神事にほかならず、神社で酒造が行なわれたのである。**

とはいえ古代の私たちが発酵という技術を見つけるのはもう少し後のことである。当時は米やイモ、木の実を噛み、それを集めて溜めておいたものを酒として飲んだのだ。デンプン質が唾液によって糖化すると、発酵作用が起こりアルコール分が発生する……そんな原理を知らずとも、日本人は日常生活の中で「酔い」を見つけたのだ。

この「口噛み酒」をつくる役目を持っていたのは、神事に携わる巫女たちだ。酒造とはきわめて神聖な行ないだったのである。

現代の酒蔵にもその名残りが見られるところがある。酒の仕込みをはじめる秋になる

酒を司る神を祭神とする京都・梅宮大社。手前が拝殿、奥の低い屋根の建物が拝所、さらに奥の屋根だけ見える建物が本殿である（©Saigen Jiro）

と、蔵の中を掃除し、神職を呼んで、おいしい酒ができるように祈る神事を執り行なうのだ。

また八百万の神々の中には、酒を司る神もいる。京都にある**梅宮大社**《うめのみやたいしゃ》が祀っているのは、酒解神《さかとけのかみ》、酒解子神《さかとけこのかみ》だ。

酒解神はもともと大山祇神《おおやまづみのかみ》と呼ばれていた。この神は愛娘・木花咲耶姫命《このはなのさくやひめのみこと》の出産を祝して、酒をつくるのだ。それが日本初の、米でつくられた日本酒「天甜酒《あまのたむさけ》」だった。日本神話のこんなエピソードから、大山祇神は酒解神、そして木花咲耶姫命は酒解子神という名も持つようになったのだ。いまも梅宮大社は、酒造関係者の守り神とされている。

なお酒をつくることを表す「醸造」という言葉は「醸《かも》す」という動詞からきている。その語源は「噛む」である。神事に使われた古代の口噛み酒をもとにする言葉が、現代社会まで伝わっているのである。

07 おみくじは太古から続く神事

神社に参拝する際に、きっと誰もがおみくじを引くだろう。書かれている内容に一喜一憂するのは楽しいものだ。また日常生活でも、占いや宝くじなど、いたるところにおみくじがある。

そんなおみくじは、漢字では「御神籤」と書く。神の籤《くじ》なのである。くじを引いて出た結果は、神の意思であり、大切にするものだと、古来信じられてきた。遊びなどではない。おみくじもまた、神事にその源流がある。

太古の神社では巫女が神の託宣を伝えたり、豊かな実りや降雨を祈ったりしたが、占いもまた行なわれていた。例えば**野生動物の骨や亀の甲羅を焼いて、ひびの入り方によって吉凶を判断し、その結果に統治者たちは集団の行く末を委ねた**のである。卜占《ぼくせん》、亀卜《きぼく》などといわれた。「卜《ぼく》」という字には、占うという意味や読み方があるのだ。

やがて、いくつもの紙片に選択肢を書いて混ぜ、そこからひとつを抜き取る、現代の

おみくじ（©Ishikawa Ken）

ようなくじが現れる。これは**短籍（たんじゃく、ひねりぶみ）**と呼ばれ、『日本書紀』にも記述が見られる。飛鳥時代のことだ。孝徳天皇の息子である有間皇子《ありまのみこ》は、皇位継承権を争っていた中大兄皇子に対しクーデターをしかけるのだ。このとき、有間皇子は短籍を使って神意を問うている。「短籍を取りて、謀反けむことを卜《うらな》ふといふ」と、『日本書紀』は伝えている。

くじの結果は定かではない。しかし謀反は失敗し、有間皇子は捕らえられ、処刑されている。

くじは以降もたびたび、政治的決定に用いられてきた。鎌倉時代には、執権として権力を振るった北条泰時《ほうじょうやすとき》が、やはりくじを引いて天皇の後継ぎを決めている。

山口・二所山田神社。全国のおみくじのおよそ70%をつくっている

室町時代には、将軍・足利義持《あしかがよしもち》の死後に、次の将軍をくじ引きで選出した。その結果、将軍となった足利義教《よしのり》は「くじ引き将軍」と揶揄されたが、自らも政策決定の際にはくじを使うことがあったという。これは「くじによって将軍になったから」という経緯もあるが、くじが極めて公平な手段であり、また「これは神の意思である」と、政策に裏書を与えることができるからだった、といわれている。

古来、為政者は、集団をどう導いていったらいいのか、判断に悩んでいたのだろう。どうしても決めかねたとき、彼らは神の言葉を聞くためにくじを引いた。現代の政治家の中にも占い師に頼る人がいるというが、人々の未来を背負うというのはそれだけプレッシャーがかかることなのかもしれない。

やがてくじは一般層にも広まり「神意を問う」というほどの厳粛さではなく、気軽な遊びとして定着していった。

ちなみに、いま日本の寺社で使われているおみくじは、およそ70％が山口県周南市《しゅうなん》にある二所山田神社《にしょやまだじんじゃ》でつくられたものだ。この神社が設立した新聞社「女子道社」によって生産されているのだ。明治時代に「女性も神職になるべき」と二所山田神社の宮司が運動を起こしたが、その考えを広めようと新聞がつくられた。発行の資金源としておみくじづくりがはじまり、やがて全国的なシェアを持つまでになったという。

各地の神社でくじを引くときには、箱を見てみるといい。どこかに「女子道社謹製」と表記されているものがあるのだ。

08 太古から続く雨乞いもまた神事

どうにか平穏無事に生きられるように、子供たちが無事に成長するように……人として、生物としてのプリミティブな願いを神に求めることから神事ははじまった。

そんな古代から続き、近年まで行なわれてきた神事のひとつに**「雨乞い」**がある。水の神や、雨を司る龍の神に祈願し、降雨を求めたものだ。

日本人に大いなる恵みをもたらした米だが、その栽培には大量の水を必要とする。水田に水を張った状態を数か月キープしなければならないからだ。灌漑《かんがい》技術が発達していなかった時代には、なかなかの難題であった。田の水を十分に確保するには、どうしても自然に降る雨に頼らざるをえない。すべては天候任せ、運次第であった。**降水量が少なければ、それが即、家族や村落の死活問題に直結する。だから人々は必死で祈ったのだ。**古代の神社に集まり、雨を乞う。巫女が神がかりとなって雨のあるやなしやを問う。それは村にとっては重要な行事だった。どの家庭も参加が義務とされ、さまざまな儀式を行なった。

村人たちが一定期間、神社にこもって祈願する、水を司るとされる龍の模型をつくって祀る、踊りや歌を捧げる、村人総出で禊《みそぎ》（→P38）をする、聖地とされる山などから水をくんできて田に注ぐ……その方法は地方によってずいぶん異なり、多岐にわたる。やがて祭りへと発展することもあった。村単位での雨乞いに効果がなければ、郷などもっと大きな地方単位でさらに規模の大きな神事を行なうこともあったという。総雨乞いなどと呼ばれた。

貴船神社の雨乞祭。鈴や太鼓を打ち鳴らし、「雨たもれ」と唱えながら御神水を榊の枝で散水する（写真提供：ざ・京都写真館）

　神事としての雨乞いは、いまも行なわれている地方がある。たとえば京都の貴船《きふね》神社では、農作業のはじまりを目前にした毎年3月9日に雨乞祭が執り行なわれる。島根県の吉賀町《よしかちょう》では、地域を流れる川の水源となっている大蛇《だいじゃ》ケ《が》池《いけ》で、毎年6月の第3日曜日にやはり雨乞い神事が行なわれる。

09 「穢れ」を清める「祓い」の神事

豊かな実りやあふれる生命を願うほかに、神事で重要視されたのは「穢《けが》れを祓《はら》い、清めること」だ。**穢れとは生命力が枯れ、弱っている状態のこと。**生命力を意味する「気＝ケ」が枯れてしまうから、穢れ＝ケガレなのだ。その原因はさまざまだ。病気や天災、犯罪、身内の死などによって、人は穢れると考えられた。そして穢れた状態になると、誰しもが間違いを起こし、さらなる不幸に見舞われると恐れたのである。

神道の考え方の中では「産霊《むすひ》」（→P29）が大事にされるが、その反面、生命力を失ってしまう「穢れ」は忌む（避ける）べきものとされたのだ。

そんな穢れてしまった心身を、通常の状態に回復させる行為こそ**「祓い」**である。これもまた原始的な神事のひとつ。

祓いの代表的なものは**「禊《みそぎ》」**だ。衣服を脱いで、海や川など水中で身体を洗い清めることをいう。これは日本神話の故事に由来する。イザナギノミコトが黄泉の国で触れてしまった死の穢れを落とすために、川で身を清めるという一節があるのだ。古代の生活の中では、川はすべてを流し、命の源流たる海に還元していくもの。その営みから、穢れを流してくれる場であると発想したのではないか、と考えられている。

こうして禊をしたイザナギからはたくさんの神々が生まれた。その一柱が天照大御神である。穢れを祓う神事によって、日本神話のヒロインは誕生したのである。

禊をするイザナギ（『神代正語常磐草』）

今日でも私たちはこの神事を行なっている。神社に参拝するとき、手水《ちょうず》舎《や》で手や口をそそぐしきたりだが、これは禊が簡略化されたものなのである。まず水の力で心身を清めてから、拝殿に臨む。

伊勢神宮を流れる五十鈴川。ここで禊を行なってから参拝へ向かう
（©Tawashi2006）

それは古代から日本人が受け継いできた神道の習慣なのだ。

また、いまでも簡略化されていない、古式に則った禊を行なっている神社もある。日本神社界の頂点ともいわれる伊勢神宮である。参拝者は、この内宮《ないくう》への入口に流れている五十鈴川《いすずがわ》で、まず手や口を洗ってから参拝に向かうのだ。神話の時代から2000年以上も続く作法とされる。イザナギが天照大御神を産んだ祓いの力を、体感できるかもしれない。

ほかにも身近な祓いの神事はある。たとえば**雛祭り**だ。女の子の晴れやかな節句とされるこの祭りだが、その原点は穢れを祓うことにある。1年の間に、**女の子の身に積もったさまざまな穢れを、人形にうつして川に流す**

……そして次なる1年の健康を祈った儀式なのだ。穢れをその身に負って流されていく人形こそ、雛人形のルーツにほかならない。

また6月と12月には、日本全国の神社で「大祓《おおはらえ》」（↓P218）が行なわれる。境内には大きな茅の輪《ちわ》が設置され、おおぜいの参拝客で賑わうのだ。この輪をまず左回りでくぐり、次に右回り、最後にまた左回りでくぐると穢れが落ちるとされる。これも古くから伝わる神事なのだが、そのもとにあるのは日本人の暮らしの知恵かもしれない。

穢れとは精神的なものだけではない。雑菌だとかハウスダスト、塵や埃もそのひとつだろう。だから半年に一度は、生活を見直し、掃除をしたり、心も洗濯するなどして、清潔を保つ。それがひいては健康にもつながっていくのだ。事実12月の大祓のころには大掃除をするしきたりもある。清めとは元気で生きていくための神事であるとも思うのだ。

10 神と人とが共に食事をする行為

原始的に祈りを捧げる行ないに過ぎなかった神事は、時代とともに発展を見せていく。神社には祭壇などが設《しつら》えられるようになり、そこに神への供え物が置かれるようになったのだ。古代は絹や果物、それに米や酒だったという。これを**神饌**《しんせん》という。

そしてご託宣や祈りの儀式などの後、参加者たちで神饌の飲食物をいただいたのだ。これは**神に捧げたものを、ともに飲み食べることで、神により近づける、力をいただけるという発想から生まれた行為**だ。「**神人共食**《しんじんきょうしょく》」という考えで、神と人を、あるいはその場にいる人々を強く結びつけるといわれる。

いまでは**直会**《なおらい》と呼ばれている。神社での神事が終わった後に、参列者たちが一堂に会して飲食するしきたりだ。直会は「なおりあい」がその語源という説もある。神事という日常から離れて神と接する体験が終わり、またふだんの生活に戻り「なおる」ために必要な宴……とされたのだ。「同じ釜の飯を食った仲」という日本人の考え方も、直会に根があるのかもしれない。

神饌として供えられる代表的なものが、餅だ。日本人の暮らしを支える米からつくられた餅は、まさに恵みの象徴。我々の祖先は稲の収穫に生活を委ね、ことあるごとに豊作を祈ってきた。そして秋、重く実った稲穂を見て、人々はほっと胸をなでおろしたことだろう。その安堵の気持ちを込めて餅をこね、感謝とともに神々に捧げたのだ。

神饌の一例。上段の三方にはお神酒（右）と餅（左）がそなえられている（©katorisi）

そして酒（↓P30）もまた、神聖な飲み物であった。御神酒と呼ばれ、神事には欠かせないものだったのだ。酒もまた米からつくられる。やはり神の恵みたる

明治神宮に奉納された樽酒（©Jason）

田の実りを象徴するものとして、重要視されたのだ。

いまも神社の境内に**樽酒**が積まれている光景を見るが、これは酒蔵が奉納したもの。また一般の参拝者でも、日本酒を神社に捧げる習慣がある。2本を供えて、うち1本を神職が清めた御神酒として持ち帰るのだ。神のご加護を得た酒を飲んで、気持ちを新たにする……「神人共食」から生まれたしきたりが、いまも広く行なわれているのだ。

神饌に使われる食材はほかに、四季折々の旬のものや、その地方それぞれの特産品だった。これが後に、各地方の郷土料理の原点ともなっていく。

そして「神人共食」の儀式がもとになっ

直会でお神酒をいただく場面（『家庭の祭祀（まつり）事典』より引用）

て、いくつもの年中行事が生まれている。5月5日の端午、7月7日の七夕、9月9日の重陽など五節句の日（↓P162）に特別な食べ物をいただくのも「神人共食」の考えからだ。秋の実りに感謝をしつつ、高い夜空に映える月を眺めて団子を食べる風習も、また同様である。

我々の生活の中には、神と人との関わりが深く根づいているのである。

⑪ 「いただきます」もまた神事の言葉

私たちは食事をする前に手を合わせ「いただきます」という。日本独自の、美しい風習であると思う。食事を「いただく」ことに対する感謝の気持ちを表す言葉だといわれるが、では誰から「いただく」のだろうか。

ひとつは食物そのものだ。食卓に並ぶ野菜、穀物、魚や肉……すべては生命である。それらを「いただいて」自らの血肉とすることに対し、感謝をする。あまねく自然を八百万の神々と見立て、崇めてきた日本人ならではの発想といえる。

もうひとつ、「神からいただく」という考えもある。神事のあと「神人共食」の儀式（↓P42）が行なわれるが、**そこで人々は神に捧げた供え物、神饌を「いただいた」のである。神と同じものを食べ、その力を身に宿せることに感謝をするのだ。**

こうしてありがたくいただく食べ物の語源は、**「多米都物」**あるいは**「味物」**だといわれる。どちらも「ためつもの」と読む。これは「神に供えるおいしいもの」の意味だ。

1990年、大嘗祭の後に行なわれた「大饗の儀」にて。参列者は天皇から酒肴を「いただく」形で食事がふるまわれる（提供：毎日新聞社／代表撮影）

古代の祝詞（↓P54）にも記されている。

天皇が即位するときに行なわれる祭祀、大嘗《だいじょう》会《え》でも多米都物は登場する。儀式の後に天皇からいただく飲食物のことを、多米都物と称するのだ。

神から、大自然からいただくものを、口にする。それを私たちは遠い昔**「賜ぶ（たぶ）」**と表現した。これはその字面の通り、「賜る」からきている。目上の者から、なにかを与えられることを意味する。この「賜ぶ」から転じて「食べる」という言葉が生まれたのだ。神に感謝し、ありがたくいただく。それが日本人の食卓に込められた気持ちなのである。

食べ物という言葉そのものが、神事の産物なのだ。私たちが毎日毎食「いただきます」と呟くこともまた、一種の神事であるのかもしれない。

12 神様を迎えて年を取ることがお正月だった

日本人はかつて**「数え年」**で人の年齢を数えた。生まれたときは「1歳」であり、以降、次の正月が来るときにひとつずつ年を取るというものだ。対して現在一般的となっている「満年齢」で数えるときは、生まれたときを「0歳」とし、誕生日ごとにひとつ年を取る。

七五三などの神事や、厄年のお祓いは、数え年で行なうことが常だった。還暦や古希といった年祝いも同様だ。

そんな時代、**元日とはみんなで年を取る日でもあった**のだ。その頃の正月とは、家長のもとに家族が揃い、歳神さまを迎えて祝う大切な行事。歳神さまとはすなわち先祖の霊のことだ。注連縄を張って神域とし、門松を歳神さまの依代とする。そして鏡餅にもまた、歳神さまの力が宿っている。餅は先祖代々、日本人が一生懸命に田を耕してきた証であり、結晶だ。その餅を家族で食べて、仲良く一緒に年を取り、今年もいい1年であるように願う……それが日本の正月なのである。ちなみにこの鏡餅が、お年玉の原型となった。

明治に入ると、それまで使っていた太陰太陽暦（旧暦）から太陽暦（新暦）に変わったことがきっかけで「なるべく満年齢で行事をするように」と政府から通達が出された。しかし、いまでも寺社の境内には厄年について数え年と満年齢との対応表が掲げられていたりする。数え年の風習はまだまだ根強いのだ。神事の祈祷などは、どちらの数え方でも良い、とされている。

人が亡くなったときの年齢＝享年は、いまも数え年を使うことが多い。正しくは**「人がこの世で生きた年、この世に生を享《う》けた年数」という意味**なのだ。年齢ではなく、生きた年月のことなので、数え年を用いるのだ。しかし、役所への届出は満年齢を使うことになっている。

13 神道の信者ってどんな人たち？

「あなたは神道の信者ですか？」

そう聞かれて、「はい」と即答する日本人は少ないだろう。悩んでしまうか、あるいは否定する人がほとんどではないだろうか。

しかし、そんな日本人の誰もが、ときには神社で参拝し、食事の前には「いただきます」と言って、子供が生まれればお宮参りや七五三をするし、初詣にも行くだろう。そのほかにも日本人は仏教、キリスト教の行事も生活の中に取り入れている。

さまざまな宗教文化がごちゃ混ぜになってはいるが、きっと誰もが神道に根ざした習慣や考え方もまた、暮らしの中に持っていることだろう。で、あるなら、**我々ひとりひとりは広義の神道の信者といえるかもしれない。**とはいえ経典も教義もない神道には信者という概念もないのだが。

氏子《うじこ》という人々がいる。「氏神の子」という意味で、その地域を守る氏神を祀る神社に属する人々のことだ。平たく言うなら、ある神社周辺の地域住民はみな氏子ということになる。

彼らはその神社の祭りとなれば中心となって運営にあたり、神輿を担ぐ。お宮参りや七五三などの人生のイベントも、氏神の神社で行なうことが多い。では彼らが「信者」かといえば、これも違う。地域社会のコミュニティの中心というだけだ。神道に明確な信者というものは存在しないのだ。

だから神道に改宗したい、という人がいても、イスラム教やキリスト教のような儀式があるわけでもない。ただ、**神道的な生活習慣の中で生きていれば、それでいいのだろう**と思う。

ちなみに文化庁の『宗教年鑑』によると、日本の神道の信者数はおよそ８５００万人。これは各神社がそれぞれの判断で氏子や参拝者を集計しただけのものだ。本来の意味とはずいぶん違うようだ。

14 いまも伊勢神宮に伝わる「神意を占う」神事

占いのもとにあるのは、神の意思を問うという行為。はるか太古から行なわれてきた神事なのだが、現在でもこれは受け継がれている。それが伊勢神宮に伝わる**「御卜《みうら》」**だ。

伊勢神宮では年間を通してさまざまな神事が行なわれているが、とりわけ10月に催される神嘗祭《かんなめさい》（↓Ｐ１０６）と、6月、12月の月次祭《つきなみさい》（↓Ｐ１１０）は、合わせて「三節《さんせつ》祭《さい》」と呼ばれており、とくに重要なものとされている。

だからこの祭りを執り行なう神職たちは誰もが、神の意に沿った人間でなければならないのだ。そこで三節祭に先んじて、**神職一人ひとりが祭りにふさわしいかどうかを神に問う**……これが御卜だ。

皇大神宮中重《こうたいじんぐうなかのえ》で行なわれる御卜には、祭主以下、大宮司、少宮司、禰宜《ねぎ》、権禰宜《ごんねぎ》、宮《く》掌《じょう》とすべての神職が参加をする。数十名の装束姿の神職が整然と歩き、皇大神宮中重を目指す様子は圧巻である。

神嘗祭にて、皇大神宮（内宮）中重で行なわれる「御卜」に向かう神職の列
（写真提供：神宮司庁）

祝詞（↓P54）の奏上に続き、三節祭に奉仕してもよいか、神意の確認となる。ひとりずつ職と名を読み上げて、口から息を吸って口笛のように音を出す。そして琴板という板をひとつ打つのだ。この職と名の読み上げと口笛、板を叩く音色の三者が滞りなく鳴れば神意あり。そうでなければ奉仕が叶わない。実際、口笛がうまく鳴らず「神意を得られなかった」として祭りに奉仕できなかった神職もいるそうだ。

15 祝詞から日本文学が生まれた？

神に祈りを捧げるときに、歌や踊りとともに重要視されたものが「言葉」だ。**神職が神前にて、神の恵みに対して感謝を述べ、祈願をする定型文**で、一種の呪文といえるかもしれない。**「祝詞《のりと》」**である。

神社でお祓いを受けるときにも、この祝詞が読み上げられるので聞いたことのある人も多いだろう。あらゆる神事の際にも欠かせない。大きな祭りだけでなく、神前結婚式（↓P174）や地鎮祭（↓P180）、新車の納入（↓P184）まで、身近な神事でも使われる。

古くから連綿と紡がれてきたその言葉は、現存する最古のもので927年に編纂されている。古代の法律集である『延喜式』の第8巻に収められており、朝廷の祭儀について27編の祝詞が綴《つづ》られているのだ。

このひとつである「大祓詞《おおはらえのことば》」は、1000年以上が経過したいまでも毎日、神社本

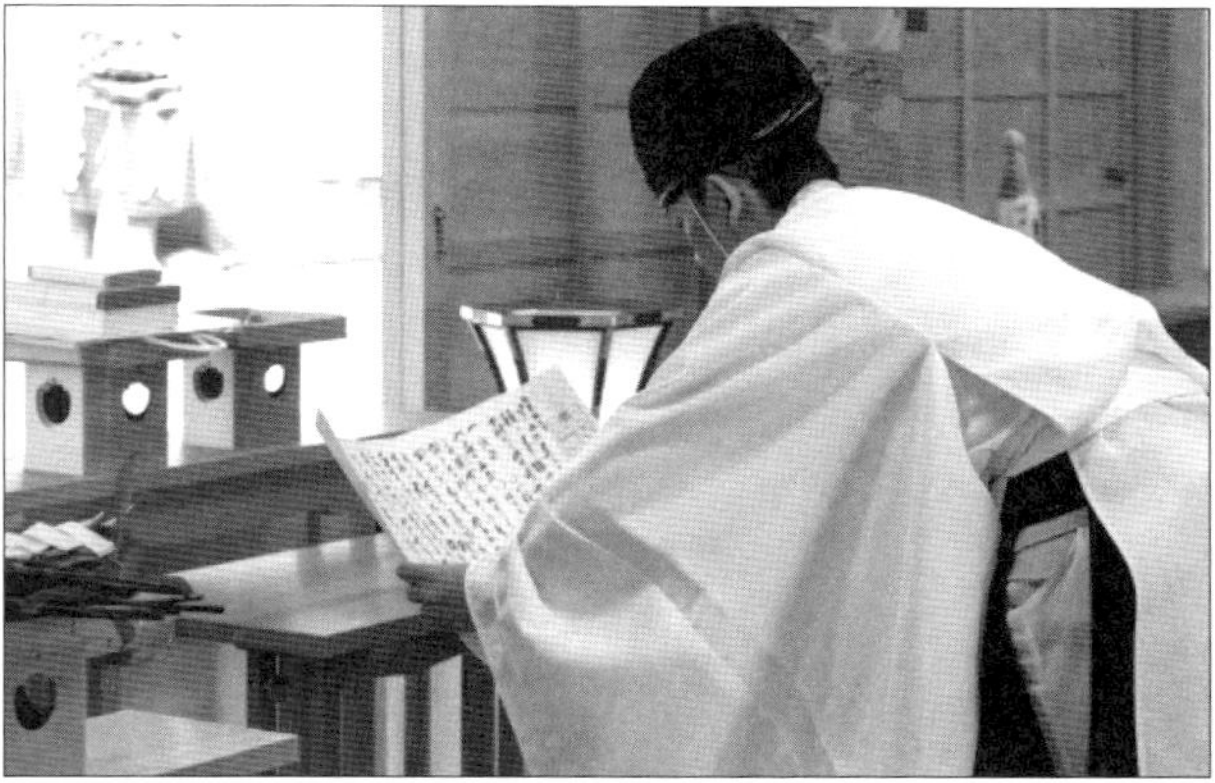
祝詞を読む神主

庁に属する神社では唱えられている。毎年6月と12月の大祓（↓P218）のときには参拝者も詠唱するしきたりだ。穢れを祓う効果があるといわれる。

これら27編の祝詞は少なくとも奈良時代から伝わると考えられているが、日本神話にも登場する。「岩戸隠れ伝説」で引きこもってしまった天照大御神を誘い出すために、天児屋命《あめのこやねのみこと》という神が布刀詔戸言《ふとのりとごと》という言葉を奏上したとある。これが日本最古の祝詞だといわれている。

祝詞はその内容もさまざまだが、おおまかな流れがある。まず神の名を唱えて感謝の意を伝え、神事のあらましを説明する。そして神饌を供える旨を述べて、神に対して願いを言う。

これらが実に美しい言葉で紡がれているのだ。例えば祝詞の中でも代表的な「天津《あまつ》祝詞《のりと》」を見てみると、

高天原《たかまのはら》に神留坐《かむづまりま》す　神漏岐《かむろぎ》神漏美《かむろみ》の　命《みこと》以《も》ちて
皇親神《すめみおや》伊邪那岐《かむいざなぎ》の大神《おおかみ》　筑紫日向《つくしひむか》の橘《たちばな》の小門《おど》の
阿波岐原《あはきはら》に禊祓《みそぎはら》ひ給《たま》ふ時《とき》に　生坐《あれま》せる祓戸《はらえど》の大神等《おおかみたち》
諸々禍事罪穢《もろもろまがごとつみけがれ》を　祓《はら》へ給《たま》ひ清《きよ》め給《たま》ふと申《もう》す事《こと》の由《よし》を
天《あま》つ神地《かみくに》つ神《かみ》　八百万神等共《やおよろずのかみたちとも》に
天《あめ》の斑駒《ふちこま》の耳《みみ》振《ふ》り立《た》てて　聞《き》こし食《め》せと恐《かしこ》み恐《かしこ》みも白《もう》す

「天上世界である高天原にいらっしゃるカムロギ、カムロミの神から生まれたイザナギが、筑紫の日向の橘の小戸の阿波岐原で禊を行なったときに現れた神々に申し上げる。さまざまな罪や穢れをお祓いください。天の神、地の神、八百万の神に、神馬が耳を振り立てるように、どうかお聞き届けください」

といった意味になる。これに独特の節をつけて高らかに詠唱するのだ。いくつもの動画サイトで視聴できるので、その荘厳さを体感してみてほしい。

日本人は古来「言霊」を信じる人々だ。言葉には具体的な力が宿り、口にしたことは実現すると考えてきた。祝福の言葉を唱えれば神と近づき、清められ、良いことが起こる……そんな思いが祝詞には込められている。だから慎重に言葉を選び、なるべく雄大で叙情的であろうとしたのかもしれない。**祝詞をもとに日本語は発展し、詞の編み方や文体、文章テクニックも広がりを見せていく。**「祝詞から日本文学が発生した」ともいわれているのだ。

16 芸能のルーツは日本神話にある

神への祈りからはじまったさまざまな神事。やがて祈りには、歌と踊りをも伴うようになる。それが歌舞《うたまい》として発展したものが、神楽《かぐら》だ。日本全国の神社にはさまざまな神楽が伝わっているが、そのルーツは日本神話にある。**天照大御神の「岩戸隠れ伝説」**だ。

天照大御神は弟である須佐之男命《すさのおのみこと》の度重なるいやがらせに耐えかねて、天の岩屋に隠れてしまうのだ。太陽神である天照大御神が引きこもったことで、世界から光が失われ、闇に覆われてしまう。農作物は育たず、疫病が蔓延する惨状を見かねて、八百万の神々は集まった。どうにかして天照大御神を引っ張りださねばならない。あの手この手が採られた。朝を告げる長鳴鳥（鶏）を鳴かせたり、玉飾りや鏡をつくって榊《さかき》に結びつけ、これを持った神々が天の岩屋を取り囲む。祝詞（↓P54）が唱えられる。決め手となったのは天宇受賣命《あめのうずめのみこと》のセクシーなダンスだった。神がかりのトランス状態になった彼女は、ほとんど裸になって踊るのだ。その様子を見た神々は大爆笑。いったいなんの騒ぎかと天照大御神はそっと天の岩屋から顔を出す……。

世界に再び光を取り戻したこの歌舞こそが、神楽の原点だといわれる。その語源は神《かむ》座《くら》で、神の降りる場所という意味だ。すなわち神社そのものだろう。音楽や踊りというもののひとつの源流は、神域にあるのだ。

岩戸の前で踊る天宇受賣命（右下）と天照大御神（上）
（「岩戸神樂之起顯」春齋年昌）

こんな逸話から天宇受賣命は「芸能の神」といわれている。各地の神社に祀られているが、最も有名なのは京都市にある車折神社《くるまざきじんじゃ》だろう。敷地内にある境内社、その名も芸能神社の守護神として知られる。いまも多くの芸能人が参拝し、名前を書いた玉垣を奉納する場所となっている。有名な名前がずらりと並ぶ様子は壮観だ。

17 仏教伝来が日本に及ぼした影響

日本神話に登場する神の子孫である天皇のもと、神社で行なわれる祭祀が整備されていき、次第に神道の体系化が進んでいく。祈り、踊り、唱えるといった原初的な行為から、ひとつ進んだ確固たる宗教へと進化していったのだ。

とはいえ「神道」という言葉があったわけではない。その頃の日本人にとって信仰とはただひとつ。八百万の神々を敬い、自然に感謝をして、耕作に合わせて四季折々の祭りを催し、生活する。その営みは先祖から代々受け継いだ習慣にすぎない。あえて名前をつける理由もないほど、日常そのものだったのだ。

しかし、そんな日本を大きく揺るがす出来事が起こる。**6世紀後半の仏教伝来**である。まったく異なる仏の教えが、大陸からもたらされたのだ。まず人々を驚かせたのは、力強くかつ優美な仏像ではなかっただろうか。日本人はそれまで具体的な神の像を持っていなかった。しかし仏教は、悟りを開いた釈迦をはじめとして多くの崇拝対象の像がつ

日本の古代寺院の一つである法隆寺（©Vladimir Zhoga）

くられ、飾り立てられた。一方で日本の神社では神が宿るという鏡や玉などのご神体があるが、通常は神聖なるものとして公開されていない。それに比べると仏像に向き合うほうが祈りのイメージを持ちやすかったという面はあるだろう。

加えて仏教には仏像を安置する立派な社殿があった。そして甍《いらか》を重ねる仏塔や、境内に並ぶ灯籠《とうろう》といった大陸の建築技術もまた伝来したのだ。これを見た日本人は、次第に仏教に傾倒していく。

それまで神社には社殿を持たないところも多かった（↓P24）。神事のときだけ簡素な祭壇をつくり、終わったあとは片づける場合もあった。しかし**仏教の広がりに危機感を覚えた神社は、寺院を見習い社殿を建てるよう**

丁未の乱の中心人物、崇仏派の蘇我氏（左）と廃仏派の物部氏（右）
（『聖徳太子伝図会』1887 年）

になっていく。

仏教は政治の世界にも衝撃を与えた。「仏教を普及させるべし」という崇仏派の蘇我氏と、「仏教は排除すべし」という排仏派の物部《もののべ》氏が対立し、内戦となったのだ。５８７年、丁未《ていび》の乱である。敗れた物部氏とともに排仏派は衰えていく。このとき崇仏派の中心として活躍した人物こそ厩戸皇子、のちの聖徳太子である。ここから神道と仏教とが共存する時代となっていく。

神道という言葉もこの時代にはじめて歴史に現れる。『日本書紀』には第31代の用明天皇を紹介する項で「天皇信仏法尊神道」（天皇は仏法を信じ、神道を尊ぶ）と記載されているのだ。仏教という異なる教えを受け入れるときに、では自分たちのこの伝統的な習慣や祈りはなんだろう……と考え、区別するために、神道という言葉をつくったようだ。

異国の文化を巧みに取り入れ、自らのエッセンスを加えてアレンジしていくのが日本人だ。仏教もまた自分たち流に変えていく。日本各地の神社に寺ができるようになるのだ。神宮寺《じんぐうじ》という。ここでは僧侶が神前でお経を上げたり、八百万の神々に菩薩の名前をつけるなど、両者の融合は進んでいく。

やがて「八百万の神々も仏のもとに帰依すれば、世の苦悩から解脱できる」あるいは「仏教の仏や菩薩も、もとは八百万の神々の一柱」といった考えも出てきて、両者の垣根はしだいにあいまいになっていく。「神仏が習合」した日本人独特の宗教観がこうして形成されていくのだ。

18 法制化されていく日本と神道

仏教とともに日本に入ってきたものはたくさんあるが、そのひとつが大陸の統治制度だった。**律令制**《りつりょうせい》だ。律令……すなわち法律に基づいて国を治め、運営していくというものだ。ようやく豪族同士の争いから、天皇を中心としたひとつの国家が形づくられようとしていた7世紀半ば、中国の法律を手本に日本をまとめようとしたのである。

その端緒となったひとつの改革こそが、645年の大化の改新だ。これを記して、日本ではじめての元号「大化」がつくられる（↓P142）。以降、当の中国が元号を廃止してもなお、日本は時代の象徴として元号を大切に維持してきている。

律令制は少しずつ整えられていった。国や郡といった行政単位の確立、官僚制度の整備、戸籍の制定、徴税の方法……そして701年に制定された大宝律令（いまでいう刑法と民法、行政法からなる法典）によって、律令制度はひとつの完成を見る。

同時に、**神事を司る天皇のもと、全国の神社を束ね、体系化することも行なわれた。**

大宝律令の一節にある**神祇令**《じんぎりょう》がその基本となっていく。いまに伝わる新嘗祭や祈年祭などの祭りが、その詳しい手順とともに正式に定められる。祭りを執り行なうのは、中央の朝廷から派遣されてくる神祇官という役所《やくどころ》だ。信仰という面でも、日本の中央集権化が進められていったのだ。

そのために天皇支配の正統性を説き、神道の歴史を描いて編纂されたものこそ『古事記』であり『日本書紀』だといわれる。一個の独立国として大陸に胸を張るためにも必要な史書であり、また日本人のルーツを探る神話でもあるこのふたつは合わせて『記紀』と呼ばれ、いまも日本史と神道との黎明期を伝える貴重な書となっている。

『日本書紀神代巻２巻』の表紙（1597［慶長２］年写本）。神代の時代から持統天皇までの歴史を全30巻でまとめた書物

19 神々の姿も信仰の形も変化していく

かつては自分が住んでいる地域の神社（氏神）に参拝し、そこで家族の成長や季節に合わせて神事を行なったり、祭りに参加するものだった。それでも昔から日本人はミーハーだったのか、時代時代で熱狂的な信仰を集める「流行神」が現れてきた。

7世紀には、富と長寿を授かることができるという**「常世神《とこよのかみ》」**が大人気となっている。これは常世虫という虫に宿る神だとされたが、毛虫であるともアゲハチョウの幼虫だとも伝えられる。万葉集にも詠われた。この虫を祀って、富を長寿をと供え物をしたそうだ。**豊穣を祈ったり先祖を敬うのではなく、現世利益を追い求めた**ことが大きなポイントだといわれる。

時代が流れ、やがて交通インフラの拡大や、商業の発達によって人々の活動範囲が広がっていく。新たな土地を開墾し、住む場所も拡大し、新しい神社もどんどんつくられ、中世以降の日本社会は価値観を多様化させた。その中でさまざまな「流行神」が定着し

京都御所の「右近の橘」。常緑樹である橘は縁起が良いとされ、
常世神は橘の木に集まるアゲハチョウの幼虫ともいわれる

ていった。

　とくに**稲荷神**は、いま日本で最も多い神といわれる。各地にある稲荷神社の総数はなんと約3万社。総本社は京都にある伏見稲荷大社だ。もともとはそのあたりを支配していた古代の豪族、秦《はた》氏が祀る地域の神にすぎなかったのだ。その語源は「稲が生《な》る」で、読んでごとしの田の神さま。**農耕神として信仰されてきた**。

　秦氏は3世紀に朝鮮半島から渡ってきて以来、朝廷に深く食い込み、力を持つようになる。これに伴い、稲荷信仰もまた広がっていくのだ。田植えをなにより大切にし、生活のサイクルに組み込んできた日本人の心情にも合ったのだろう。

また神仏習合によって、さまざまな信仰

京都・伏見稲荷大社の「お稲荷さん」（©y.ganden）

の有り方が認められていくようになってきたこともある。

次第に稲荷神は五穀豊穣だけでなく、商売繁盛、産業全般の神として崇められるようになった。社会の発展によって商人が大きな経済力を誇るようになったことも影響しているだろう。そして貧富の差もまた広がっていった。富めるものはさらに、貧しいものはわずかでも、豊かさと経済力を求めるようになった世相を反映して、現世利益を神に願うことが一般化していく。

ちなみに稲荷神といえば、その使いはキツネだ。稲作の大敵であるネズミを捕らえてくれるからだともいわれる。そんなキツネの好物である油揚げを、人々は稲荷神社に供えた。ここから、油揚げに米を詰めたものを「お稲荷さん」と呼ぶようになったのだとか。

流行神にはほかにも、**八幡神**、**七福神**などがある。**「天神さま」**と親しまれる、天満宮や天神神社も有名だ。こちらはご存知、菅原道真を祀っている。いわれなき罪で左遷され、無念の死を遂げた平安時代の高名な学者にして貴族である。その死後、左遷に関わった人々が次々に病気や事故で亡くなり、また災害も多発したのだ。祟りと恐れられた。そこで名誉を回復し、北野天満宮を建立して神と祀り、怒りを鎮めようとしたのだ。「偉大な足跡を残した人は死後、神になる」これもまた神道の考え方だ。八百万の中には、人もいるのだ。豊臣秀吉は豊国大明神に、徳川家康は東照大権現になって祀られ、いまもおおぜいの参拝客を集めている。

20 神道が日本人の旅行の形をつくった

江戸時代に入ると、信仰のエンターテインメント化が進んでくる。レジャーとしての参拝が人気になるのだ。現代の「御朱印集め」「パワスポ巡り」「寺社ガール」にも通じるものだが、一般庶民でも旅行を楽しめるようになったのは世が平穏になってから。

戦国時代が終わり、江戸幕府による全国統治がはじまると、まず荒れていた街道筋が整備された。往来がさかんになり、経済が一気に活性化するのだ。治安も安定する。庶民の暮らしぶりも、まだまだ厳しくはあるがいくらか上向いてくるのだ。

そんな折、行き来しやすくなった街道を巡ってやってきたのが**「御師《おんし》」**と呼ばれる人々だ。どこかの寺社に所属しながら諸国を回り、そのご加護を説くことを役割としていた。とりわけ名が高かったのは伊勢神宮の御師である。彼らは「お伊勢さま」が日本人にとっていかに重要なのか、まるで広報のように宣伝したのだ。江戸時代には2000人ほどが活動していたといわれる。伊勢現地では参拝に来た人々を泊め、食事の世話をし、伊

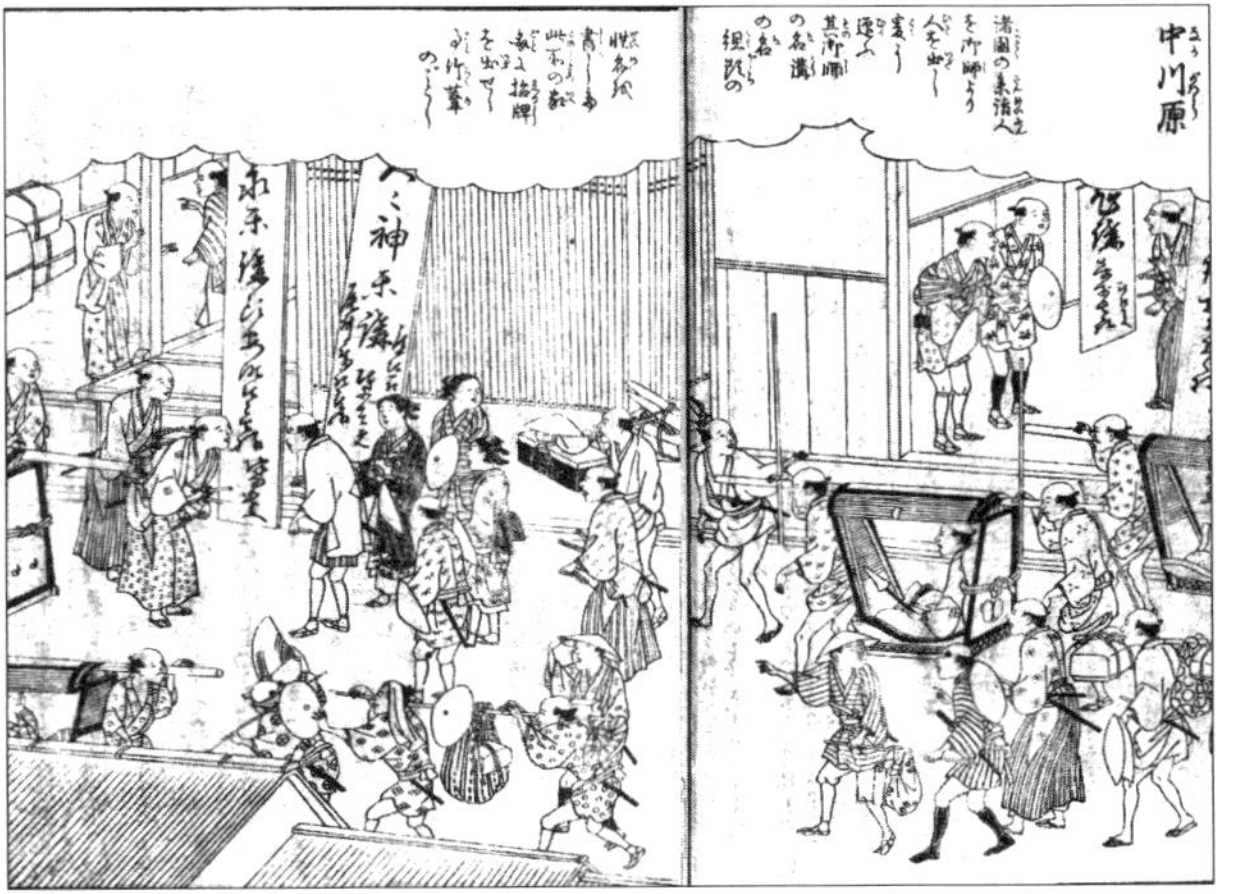

画面左側の頭を下げる人物が伊勢神宮の御師の手代（部下）で、
その向かいにいる参拝者を迎えにきた場面（『伊勢参宮名所図会』中川原）

勢神宮の案内もする。ほとんど旅行会社のガイドなのである。

そんな御師のもと、人々は伊勢に殺到した。とくに伊勢神宮で商売繁盛を祈願したい商人の間では大流行する。

貧しい農民たちは村や集落ごとに人を集めて「講」をつくった。みんなでお金を出し合い、まず数人分の旅費を捻出する。そしてくじ引きなどで決めた2、3人を伊勢へと送り出すのだ。帰ってきた人たちは講の仲間たちに土産を持ち帰り、次からはお金を出すだけで、くじには参加しない。こうして講に参加することで、庶民でも「お伊勢参り」という

御蔭参りの様子を描いた絵。中央の人々と右端の人々は
それぞれ同じ着物を着ており、同じ「講」の団体様と考えられる
（「伊勢参宮・宮川の渡し」歌川広重）

当時にしてみれば一生に一度の大旅行に出かけることができたのだ。江戸からは最低でも往復1か月。各地を見聞しながら徒歩で日本を横断するというものだった。

式年遷宮（➡P126）の翌年の参拝が、とくにご利益が得られるとされ「お伊勢さまのおかげ」から「御蔭《おかげ》参り」と呼ばれた。この年は爆発的に参拝者が増えるのである。1830年の御蔭参りの際には、全国から約430万人が集まったとされる。

多数の参拝者で賑わったのは伊勢神宮だけではない。和歌山県の熊野三山では熊野御師という人々がやはり参拝の案内役となり、宿泊などの世話をした。神道の持つ山岳信仰と仏教とが混じりあい、山中で厳しい修行をする修験道が広まっていったことも背景にして、熊野詣《もうで》もさかんになるのだ。

また富士登山も流行した。富士山はそれ自体が富士山本宮浅間大社のご神体だからだ（→P208）。登山客を導いたのはやはり御師であり、富士講を使って訪れる人が多かった。

こうして**日本各地の有名神社に出かけて旅を楽しむことが一般的になっていく**。神社の周辺にある御師の自宅はやがて、宿や食事処、土産物屋などへと変わっていき、現代の門前町が形成されていく。観光地や、旅行というものも、神道がひとつの出発点となっているのだ。

21 明治維新によってつくられた国家神道

明治維新による一連の変革は、神道の姿もまた大きく変えていくことになる。江戸幕府は武士を中心とする政治を行なっていたが、明治新政府は権力を失っていた天皇を据えた。天皇は神道の守護者でもある。そこで神道を国家統治の柱とすべく、さまざまな改革を打ち出していく。神事を司る天皇が、すなわち政治の指導者でもある「祭政一致」という方針が進められる。その過程で新政府は、**地位の低下していた神祇官を再興させ、全国の神社の統廃合を進めていく**のだ。皇室から直接、運営費の出される官幣社、国が祭祀の費用を出す国弊社、その下に県社、郷社、村社という序列を作り、神社を通じて自治体をすみずみまで監督するシステムをつくりあげていく。

一方で仏教は弾圧される。神道は信仰を超えた国の基礎であるとされ、ほかの宗教は下に置かれたのだ。神仏習合は見直され、神宮寺は禁じられた。神社でお経を上げる僧侶も珍しくはなかったが、これも排除されていく。やがて全国的に「廃仏毀釈《はいぶつきしゃく》」のうね

明治 11 年の錦絵。イザナギ、アマテラス、神武天皇といった神話の神々と
明治（今上）天皇が同列に描かれている（「本朝拝神貴皇鏡」楊洲周延）

りが巻き起こり、寺院が焼き討ちされたり、仏像が破壊された。全区でおよそ半数の寺が、このとき失われたという。

こうして成立していった国家神道のもと、日本は近代化と軍国化を推し進め、やがて第2次大戦へと至る。しかし各地で連敗し、東南アジアの占領地では神社を建てて神道を強制させるなど迷走を重ね、1945年に敗戦。

アメリカ軍は戦後、日本に対して「神道指令」を発令した。これは神祇官の解体、宗教と政治の分離、信教の自由などを求めたもので、ここに国家神道体制は崩壊する。

現在はかつてのような、日本人の暮らしに根ざした生活習慣として、我々の身の周りのさまざまな場面で神道の考え方を見ることができる。根が神道にあるというものは実に多いのだ。

第二章　現代に伝わる神事と祭りの秘密

22 「まつり」の語源とその意味は？

まつり……日本人はその言葉に、さまざまな漢字をあてた。「祭」「祀」それに「政」。どれも異なるように見えて、その根はまったく同じなのである。

すなわち、神に対して春には実りを願い、秋には収穫に感謝をし、災厄に見舞われないよう祈る……いま**「神事」といわれているものの原型たる行為こそ、「まつり」なのだ。**

その語源にはいくつもの説がある。神の訪れを「待つ」という意味。集団や家族の未来を、大いなる存在に見守ってほしい。どう生きたらいいのか教えてほしい。すべてを知る神を、人々は待ち望んだのだ。

そして神事を通して降臨した神に、人々は「まつろう」のである。感謝をし、従うという意味がある。巫女に憑いた神が紡ぐ言葉に、誰もが耳を傾けたことだろう。

託宣のあとは、神を「奉る」のだ。神饌を捧げ、神に奉仕をする。そのあとは、神饌をいただき、神とともに食べ、飲むことによって、神の力を得る。

これらすべてが「まつり」なのである。

そのうち、神を呼び意思を伺うことが「祀」となり、神人共食（↓P42）をして歌い踊り、人々が楽しみつつ神を喜ばせることが「祭」となっていったのではないだろうか。「祀」によって集団がどうあるべきか、農作をどうすべきかを決め、「祭」によって集団の意欲を高めストレスに対処する。「祭」も「祀」も、政治なのだ。そのため「政《まつりごと》」という漢字もあてられるようになる。

巫女による神託（「観音霊験記　秩父巡礼十八番
神門山修験長生院　巫女の神託」歌川広重・画）

「まつる」とは、日本人が集団生活をはじめたときに自然発生的にできた、**神と人、人と人とを結ぶ絆のようなもの**を意味しているのかもしれない。

23 まつりは「ハレ」の象徴となり進化していく

神を待ち、神に額《ぬか》づき、神とともに飲食することからはじまった古代の祭祀。その最初のものは、もしかしたらこれまでたびたび触れてきた「岩戸隠れ伝説」かもしれない。引きこもってしまった天照大御神をどうにか世に引っ張り出そうと、八百万の神々はさまざまな手を打つ。鏡や玉を捧げもち、祝詞を唱え、宴会さながらに歌って踊るその光景は、現代の祭りにどこか通じるようにも思うのだ。

こうしてはじまった祭祀は、季節の折々に、農耕のサイクルに従って行なわれた。農作をはじめる日や収穫の日、神を祀る神事のあとは飲めや歌えの席となったことだろう。

それは単調な生活が続く普段の「ケ」（日常）の日々にあって、喜びを爆発させあるいはストレスを発散させる「ハレ」（非日常）の日だったに違いない。いまよりはるかに娯楽もなにもない時代だ。「ケ」は長く、苦しいものだった。そのぶん**「ハレ」の訪れは人々を熱狂させ、共同体の結束を固めたのだ**。やがて祭りに際して奉じられる歌や音楽は発展を見せ、芸能として進化していく。

また地域集団だけではなく、各家庭でも祭祀は行なわれた。家の中に簡単な祭壇を設え、略式の神事をするようになったのだ。これはおもに神となった先祖を慰めるものだ。

江戸の農作業をする人々。こうした長い「ケ」のあとに訪れる「ハレ」は、人々にとって最大の娯楽となっただろう（『百姓往来豊歳鑑』1840年代）

やがてこのしきたりから神棚（↓Ｐ１４６）が生まれる。

そして巫女や、巫女から託宣を受ける神職にとっての祭祀は、複雑に分化していく。神道を司る存在である天皇家による日本の統一が進むにつれて、いわゆる「宮中祭祀」の体系化が進むのだ。

24 3つに分類される神社の祭り

古代の祭りは原始的な儀式からはじまったが、やがて天皇を中心とした国づくりが進んでいく中で変化していく。中国の律令制を取り入れ、神祇令を発布、祭りの式次第を整え、こまかく規定していった。こうして定められ統一した手順と日程とで祭りを行なうよう、全国の神社に通達を出す。日本を統治する天皇が、宮中で行なう祭祀についてもこのときに詳しく定められている。

まず、祭り＝神意を伺うさまざまな儀式は、その規模や重要性によって3つに分類された。大祭、中祭、小祭である。

大祭はその神社の由来や、祀られている神にとって、とりわけ大切と考えられている祭りのこと。例祭がその最たるものだ。例大祭とも呼ばれており、1年に1度、行なわれる。島根県の出雲大社では5月の大祭礼がこれにあたる。東京都の明治神宮では、明治天皇の誕生日である11月3日に挙行される。愛知県の熱田神宮では熱田まつりとも呼ばれる例祭が6月にある。特別な由緒はとくになく、春祭りや秋祭りをそのまま例祭としている神社も多い。ちなみに「例祭」とは略称で、正しくは「大祭式例祭」という。また長野県の諏訪《すわ》大社のように、例祭が年に2度あるところも稀にある。

近所の小さな神社でも、きっと例祭が行なわれているはずだ。大きな神社と違ってささやかでも、その神社にとっていちばん大事な日。縁日が立ち、おおぜいの人々で賑わい、神社は束の間の非日常に包まれる。神輿や山車《だし》が出たり、境内で神楽が舞われることもあるだろう。このさんざめく光景を日本人の誰もが、心のどこかに持っているはずだ。懐かしいお祭りのあのざわめきは、例祭のもの

愛知・熱田神宮の例祭「熱田まつり」では、夕方から提灯が鈴なりについた「献灯まきわら」が点灯する

奈良・大神神社の元旦祭である「繞道祭（にょうどうさい）」。年が明けた午前０時に松明にご神火を灯して摂末社 19 社をめぐる

だったのかもしれない。

大祭にはほかにも、祈年祭（↓Ｐ94）や新嘗祭（↓Ｐ86）といった全国共通で行なわれる季節の祭りがある。またその神社の建立の儀である鎮座祭、移転したときの遷座祭も大祭だ。新しく別の神を合わせて祀る合祀《ごうし》祭、いま祀られている神を別の神社でも祀るときに行なう分祀祭なども大祭となっている。

中祭は年のはじめに行なわれる歳旦祭（元旦祭）や、初代天皇である神武天皇の即位を祝う紀元祭などがあるが、いまは宮中だけで行なわれているものも多い。

小祭はそれ以外の祭りすべてを指す。毎日欠かさず神社で行なわれている**日供祭**（↓Ｐ１１２）や、おもに6月と12月に行なわれる**月次祭**（↓Ｐ１１０）など無数にある。

さらに地域の人々が神社を訪れて行なう、例えば七五三とかお宮参り、神前結婚式なども祭りのひとつだ。地鎮祭も同様。ほとんど毎日、神社では何らかの祭りが行なわれているものなのである。

神祇令によって定められた祭りの格式は時代とともに変化しつつ、現代までおおむね同じような形で受け継がれている。現行のしきたりはおもに、神社本庁が定めた「神社祭祀規定」に則ったものだ。

25 新嘗祭《にいなめさい》には日本人の原点がある

大祭の中でも、皇室にとって、そして日本人にとっても重要なものが、**新嘗祭《にいなめさい》**である。収穫を神に感謝するもので、実りの季節である秋に行なわれる。

「新嘗」とは、秋に取れたばかりの穀物のことだ。おもに日本人の生活を支え、その身体をつくってきた「米」を指す。**新米を神に捧げる儀式こそが新嘗祭なのだ。**毎年11月23日、天皇家でも厳粛に執り行なわれる。

天皇陛下自らが皇居内の神嘉殿《しんかでん》に登壇し、米や粟を手に持つ。儀式は18～20時の「夕の儀」と、23～翌1時までの「暁の儀」に分けられている。米そのもののほか、新米でつくった酒や、お粥、魚、海藻、栗や柿などを天皇は神に供える。そして神に感謝する奉告文が捧げられた後は「直会」となるのだ。捧げた神饌を天皇がいただき、神とともに食べる……古代から続く「神人共食」の儀式だ。こうして神と自然の恵みとに感謝し、そのエネルギーを体内に取り入れる。これが日本の「収穫祭」なのである。稲作がはじ

天照大御神から稲穂を授けられる瓊瓊杵尊。米は神話の時代から続く、日本人の歴史そのものといえる（「斎庭の稲穂（部分）」今野可啓・画）

まった、遠く弥生時代にさかのぼる祭りだと考えられている。ちなみに「嘗」には舐める、味わうという意味もある。

このとき捧げる米は、天皇が大事に育てたものなのだ。皇居の中には、実は水田もある。吹上御苑のそば、生物学研究所のわきに作付面積およそ240平方メートルに渡って広がっており、ここで天皇は田植えから稲刈りまで行なっている。昭和天皇がはじめた習慣だ。神道の守護者でもある天皇は、日本人の歴史そのものといえる米作りを受け継ぎ、その米でもって新嘗祭にあたっているのである。

この新嘗祭は、規模の大小はあれど日本各地の神社で行なわれてきた。神

奥能登地方で行なわれる「アエノコト」。奥座敷に田の神を招き、神饌のほかに鍬も供えてある（画像提供：「能登の里山里海」世界農業遺産活用実行委員会）

社だけでなく、集落ごとにも開かれていたと考えられている。石川県の奥能登地方には、太古の、きわめて古い新嘗祭の形がいまなお残っている。**「アエノコト」**と呼ばれる儀式である。村の各家庭で、田の神に感謝を捧げるのだ。

毎年12月5日前後、それぞれの家ではご神体となる種もみの入った俵をまず用意する。米そのものが神なのだ。そして主人が正装して田んぼに出かけ、田の神を呼び、家へとつれてくる。本当に客人を案内するかのように茶の間に招きいれるという。さらに風呂を沸かしてこれも実際に神が入浴していると見立て、その身体を洗い流す仕草をする。そして、その秋に収穫した米や山海の実りでつくった料理を器に盛り、箸でとって食べさせる。最後はやはり神人共食、捧げものを家族みんなでいただくのだ。

神はそのまま家に宿るといわれる。年越しをともに過ごし、翌年はじめて田に鋤を入れる日に、お戻りいただくのだ。なお「アエ」とは饗食、食事を差し出して供応するという意味がある。この儀式はユネスコの無形文化遺産にも登録されている。まさに日本の稲作文化と神道の融合といった祭りだろう。

こうして日本人が受け継いできた新嘗祭だが、**戦後になるとGHQ（連合国軍最高指令官総司令部）によってその名称が変えられる。**「勤労感謝の日」とされたのだ。国家神道を解体し、政治と宗教とをはっきり分けるための方策のひとつだったといわれる。

だから日本人は新嘗祭の記憶を失いつつある。それでも、毎年の勤労感謝の日には、近くの神社に行ってみるといい。新嘗祭の儀式が行なわれている。新米を捧げ、神に祈る儀式は、皇居だけでなく全国の神社でいまも続けられているのだ。参加すればおみやげに新米をいただける神社もある。

26 天皇即位後、最大の儀式とは？

天皇陛下、一世一代の儀式といわれている祭祀こそが、**大嘗祭**《だいじょうさい》だ。これは天皇が即位してから、はじめて迎える新嘗祭のことである。つまり一代で一度しか行なわない、きわめて貴重なものであり、天皇自身にとっても、日本人にとっても稀有な体験といえる。

その準備はおよそ1年前から、すでにはじまっている。**まず神に捧げるための新米をどこで育てるのか、占いによって決めるのだ。**亀の甲羅を焼いてその割れ具合から方角を定める「亀卜」である。2019年の大嘗祭では、小笠原諸島のアオウミガメが選ばれた。水田は京都を基準に「悠紀《ゆき》地方」と呼ばれる東日本から、「主基《すき》地方」と呼ばれる西日本から、それぞれ一ヶ所ずつ亀卜によって決まる。

さらに儀式に使用する神殿を造営しなくてはならない。大嘗宮というもので、このためだけに建設され、事後は焼き払われる。平成元年の大嘗祭では14億5000万円をかけ、皇居内の東御苑に建てられている。悠紀殿、主基殿という東西の神殿を中心に、天

大嘗祭が行なわれる大嘗宮。左奥が主基殿、右奥が悠紀殿（提供：毎日新聞社）

皇が禊をする場所などが設けられる。

そして大嘗祭を迎えるのだ。新しい天皇は悠紀殿、主基殿にこもり、神に神饌を捧げ、祈り、そして捧げものをともに食べる。こうして神と先祖代々の天皇の力を身につけて、本当の意味での天皇となるのだといわれる。

この儀式は神話に由来している。『日本書紀』には、天照大御神が孫である瓊瓊杵尊《ににぎのみこと》に、この列島を治めるように命じる一節がある。地上に降りてくるとき、瓊瓊杵尊は稲穂を手にしていたという。**神はまず、米を持ってこの日本にやってきたのだ。**その伝説を、歴代の天皇は受け継いでいる。米こそ日本神話や神道の原点なのだ。

27 太陽の力を復活させるための神事

新嘗祭の前日に行なわれる神事が**鎮魂祭**だ。これは亡くなった魂を鎮める、慰めるものではない。魂に活力を与え、霊的なパワーを増大させることが目的なのだ。誰の魂かといえば、天皇その人。なぜ儀式をする必要があるかといえば、この時期、天皇の霊力が弱まってしまうと考えられたからだ。

鎮魂祭はかつて、旧暦の11月のうち、十二支の寅の日が2度目に巡ってくるときに行なわれていた。**冬至である。**この日、日本列島を含む北半球では最も昼が、太陽が出ている時間が短くなる。太陽のぬくもりと恵みとが1年でいちばん少なくなるのだ。

そして天皇は、太陽神・天照大御神を祖先としている。だから**冬至の時期は、やはり天皇の力も弱まってしまうと連想したのだ。**さらに「岩戸隠れ伝説」の神話とも重なり、冬至は太陽が姿を沈め世が暗黒になると恐れられた。厳しい冬の真っ只中、太陽を待ち望む人々がはじめた神事なのだろう。

新潟・彌彦神社拝殿。鎮魂祭を４月１日、11月１日に行なっている（©Kakidai）

現在では天皇だけでなく、皇后、皇太子、皇太子妃に対しても、その魂を活性化させる儀式が行なわれている。まず宇気槽《うけふね》という箱の底を、女官が鉾《ほこ》で10回突く。これには皇族の魂を安定させる意味があるという。次に皇族それぞれの着衣を女官が「振る」のだ。魂を振ることにつながり、霊力が回復するとされる。

鎮魂祭は宮中だけでなく、各地の神社でも伝承され、いまも続けられている。代表的なところが、**石上神宮**《いそのかみ》（奈良県）、**物部神社**《もののべ》（島根県）、**彌彦神社**《やひこ》（新潟県）だ。これらは地域の人々の生命力を呼び覚まし、邪気を祓い、健康であるための神事という位置づけも強くなっている。

28

豊作を祈る春の祭り

新嘗祭と並んで、日本人がはるか弥生の頃から受け継いできた祭りが、**祈年祭**《きねんさい》である。新嘗祭が秋の収穫への感謝を表すものなら、祈年祭は豊作を願う春の祭りだ。農作業がはじまる春のはじめ、2月に行なわれる。

「トシゴイノマツリ」とも呼ばれているが、この「トシ」とは穀物を指す言葉だ。寒く厳しい冬が終わり、ようやく温かさを感じるようになった春先、**今年も豊かに稲穂が実るようにと、日本人は田の神に祈りを捧げた**のだ。

農業の技術も発展していない時代、稲を育てる作業は現代よりもはるかに苦労したことだろう。収穫できなければ家族の命や村の存続に関わる。誰もが必死に、田の神に手を合わせたに違いない。その思いはやがて国を挙げての祭祀となっていく。律令制の成立にともない、宮中や全国の神社で行なうことが定められ、いまに至っているのだ。

905年に編纂された法律集である『延喜式』にも、祈年祭の式次第が記されている。

近畿地方や出雲地方には、この祈年祭とともに**「おんだ祭り」**が行なわれるところがある。「おんだ」とは「御田」のこと。いかに日本人が田を大切に思ってきたかが伝わってくる言葉だ。

祭りの内容は地域によってさまざまだ。鋤や鍬などの農機具を持って、稲作の様子を真似るというものが多い。これは収穫を喜ぶところまで再現する。「本当に豊作になってくれ」という思いを、演技に込めたのだろう。

また奈良県の飛鳥坐神社《あすかにいますじんじゃ》のおんだ祭りでは、天狗とおたふくのお面をかぶった夫婦が、性行為を模した寸劇をする。ユーモラスな動きに観衆が大爆笑する名物の祭りだ。性行為はすなわち子孫繁栄を表す。御田がたわわな稲穂をつけ、それを食べて家族が命をつないでいくことの祈りの表現でもあるのだ。

熊本・阿蘇神社で行なわれる「おんだ祭り」。白衣、白頭巾、白足袋を身につけた「うなり」と呼ばれる女性が神饌を頭に乗せて運ぶ姿が印象的。阿蘇神社のおんだ祭りは７月に行われる　（『阿蘇神社』より引用）

29 宮中祭祀が行なわれる皇居の中の神社

即位の礼や大嘗祭といった大きな儀式から、四方拝、祈年祭など年間の宮中祭祀（↓Ｐ98）まで、さまざまな神事が行なわれている舞台こそが**「宮中三殿」**だ。**皇居の中に建てられた神社のことである。**吹上御苑の南東部に位置している。

三殿の中央に立つのは**賢所**《かしこどころ》だ。「三種の神器（↓Ｐ１３６）」のひとつ八咫鏡の形代が安置されており、天照大御神を祀っている。天皇の祖先とされる太陽神をいただく、最も重要な社殿といえるだろう。その内部では清浄なる炎といわれる「忌火《いみび》」が絶えることなく灯され続けている……と伝えられる。賢所の西側には、歴代の天皇や皇族の霊を祀る**皇霊殿**《こうれいでん》、東側には八百万の神々を祀る神殿があり、３つの建物は渡り廊下で一体となっている。周囲には新嘗祭の舞台となる**神嘉殿**、神楽が舞われる**神楽舎**、神事を前に天皇が着替える**綾綺殿**《りょうきでん》などもあり、神域を構成している。

皇室に生まれた赤ちゃんは生後50日くらいになると、宮中三殿にお参りするそうだ。

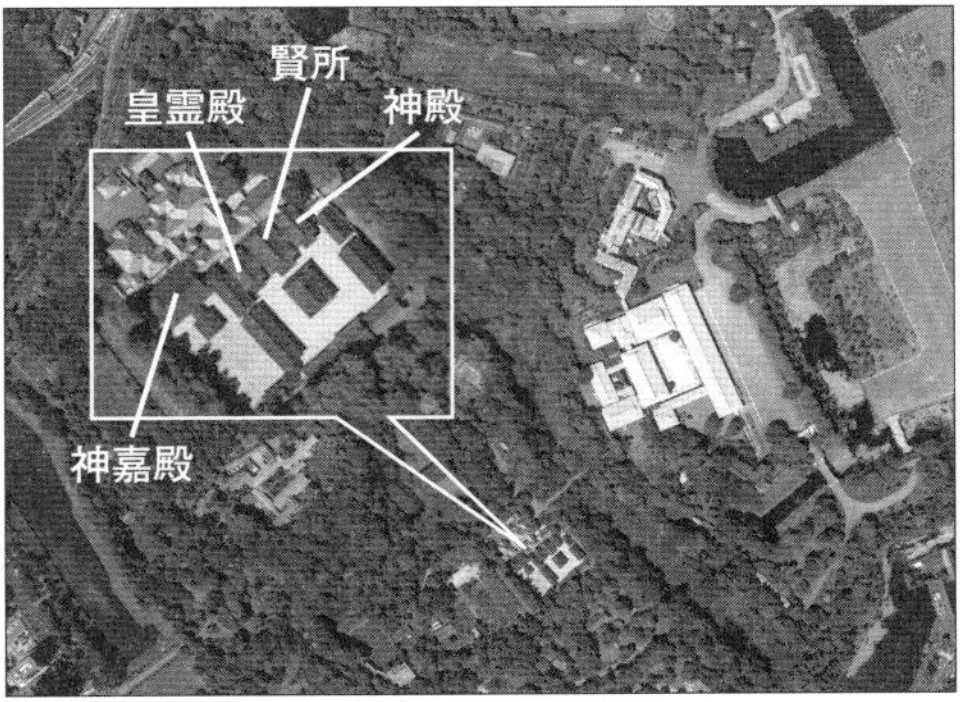

皇居の空中写真。右端に皇居前広場、中央やや右の白っぽい建物が皇居宮殿、その左下に位置するのが宮中三殿である（国土地理院撮影の空中写真、2017 年撮影）

民間でいうお宮参りにあたる。皇室にとっては宮中三殿が、地元のお宮さまといえるのかもしれない。

宮中三殿を切り盛りし、神事を滞りなく進めているのは掌典職《しょうてんしょく》という人々だ。宮中祭祀を専門とし、宮内庁のスタッフとも異なる。皇室の直属機関なのである。掌典長以下、掌典次長1名、男性の掌典5人、未婚女性からなる内掌典5人などからなり、まさに神とともに暮らす人々といえる。古代律令制のもとに制定された祭祀を司る官庁・神祇官の長官である神祇伯《じんぎはく》の流れを汲むといわれる。日本で神事が体系化された飛鳥時代から、天皇に仕えているのだ。

　毎朝、全国の神社と同様に行なわれる日供祭にはじまり、常に三殿を清浄な状態に保ち、ひんぱんな宮中祭祀の準備や実務に追われる。なかなかハードな仕事のようだ。

30 皇居で行なわれているさまざまな宮中祭祀

天皇は神道のシンボルともいえる存在だ。その天皇が暮らす皇居、宮中ともいわれる場所では、そのためさまざまな祭祀が行なわれている。舞台となるのは皇居の中の**賢所《かしこどころ》、皇霊殿《こうれいでん》、神殿《しんでん》からなる宮中三殿と、神嘉殿《しんかでん》など**だ。天皇は皇室の祖先とされる天照大御神をはじめとする神々に向かい合い、古代の巫女や神職がそうしたように国の繁栄と五穀豊穣とを祈っている。天皇の実務といえば、晴れやかな外交や被災地への慰問ばかりが報道されるが、ふだんはこうして宮中で神事に没頭しているのだ。

年間にわたりさまざまな祭祀があるが、まず1年は「四方拝《しほうはい》」からはじまる。元旦の早朝、天皇は神嘉殿からはるか伊勢神宮を遥拝《ようはい》し、さらに天地四方にあまねく八百万の神々に、新しい年の平安を願うのだ。さらに1月3日には皇位がはじまったことを祝う元始祭が行なわれる。

昭和天皇が崩御した1月7日には、歴代の天皇が祀られている皇霊殿で儀式がある。

宮中祭祀のひとつ、「秋季皇霊祭の儀」で皇霊殿を退出する皇后陛下。
お彼岸でもある秋分の日に、先祖の霊を祀るために行なわれる（提供：宮内庁）

孝明天皇（明治天皇の父）が崩御した1月30日、初代天皇である神武天皇が崩御されたとされる4月30日にも、やはり皇霊殿で祭典となる。

2月17日は祈年祭（↓P94）だ。6月30日には大祓（↓P218）のほか、天皇自身のお祓いである**「節折《よおり》」**もある。そして11月23日には、重要な儀式である新嘗祭（↓P86）を迎える。

12月31日の大祓まで、およそ20の祭祀が宮中で行なわれる。**これらは古代の律令制で定められた時代の様式を色濃く残している。それ自体が文化遺産のようなものともいえるのだ。**天皇および皇室が受け継いでいる公務であり、神事なのである。

31 天皇の使いを迎えて行なわれる特別な祭祀

日本全国におよそ8万8000あるといわれる神社。その中でもきわめて特別な16社がある。**「勅祭社《ちょくさいしゃ》」**と呼ばれるもので、これらの神社には**祭祀にあたって天皇より使いが派遣される**のだ。現在では皇室に仕え、宮中祭祀を執り行なう「掌典職《しょうてんしょく》」の職員が、使いの役目を担っている。こうして神道の守護者である天皇の勅使を迎えて行なわれる祭りが「勅祭」だ。それぞれの神社の例祭にもあたる。

その16社とは、賀茂別雷《かもわけいかづち》神社・賀茂御祖《かもみおや》神社・石清水《いわしみず》八幡宮・平安神宮（京都）、春日《かすが》大社・橿原《かしはら》神宮（奈良県）、出雲大社（島根県）、香椎宮《かしいぐう》（福岡県）、宇佐神宮（大分県）、近江神宮（滋賀県）、熱田神宮（愛知県）、氷川神社（埼玉県）、鹿島神宮（茨城県）、香取神宮（千葉県）、明治神宮・靖国神社（東京都）だ。なお伊勢神宮は全国の神社でも別格とされているので、勅祭社には入っていない。

いずれも日本を代表する、歴史ある神社といえるが、この中でもとくに古い様式で続けられている勅祭が3つある。**賀茂別雷神社（上賀茂神社）・賀茂御祖神社（下鴨神社）の葵祭《あおいまつり》、石清水八幡宮の石清水祭、春日大社の春日祭**だ。

とりわけ葵祭は、欽明《きんめい》天皇の567年から続くとされる。悪天候による凶作を重く見た天皇が、勅使を遣わして祭りを行なったことが起源だという。かの『源氏物語』にも、光源氏が葵祭を見物する様子が描かれている。

現在の葵祭は、その『源氏物語』が成立した平安時代の装束や調度品を再現したものだ。およそ1000年も昔の姿をいまにとどめている祭りなのだ。

葵祭の行列

葵祭の前には、賀茂別雷神社で御阿礼《みあれ》神事という儀式がある。御阿礼とは「御あれ」が語源で「神がここにあられること」を意味する。つまり葵祭に先んじて、神を召喚する神事にほかならないのだ。いまでも古式に則って限られた神職だけで厳粛に行なわれており、一般にはいっさいの非公開、秘儀なのだ。

32 神社での祭祀では実際に何が行なわれているのか？

祭りといっても、その本質はもちろん、境内や参道に出される賑やかな屋台を楽しむことではない。それはあくまで付随しているもの。社殿の内部で執り行なわれている神事こそが大切なのだ。

しかし、具体的にどんな儀式なのか。なかなか知る機会はない。いったい何がなされているのだろうか。

古式を受け継ぎながらも時代によって変化してきた神社内での儀式は、現代では1948年に神社本庁によって定められた**「神社祭祀規定」に基づいている**。

まず社殿に宮司以下神職や、氏子が集まり、**修祓《しゅばつ》**が行なわれる。お清め、お祓いの儀式だ。神職が禊祓詞《みそぎはらえのことば》という祝詞を唱えて、祭りに参加する人々の穢れを祓うよう祈りを捧げる。そして神職はオオヌサ（大麻、大幣）を左右に打ち振るう。これは榊の枝に、紙垂という白い紙をたくさんつけたもの。映画やアニメなど神社を描いた作品ではおな

伊勢神宮・年越しの大祓における修祓。左側にいる神職が大麻（おおぬさ）を手に持ち、参列している神職を祓っている（2006年撮影、©Tawashi2006）

じみのシーンだろう。

そしていよいよ、神との対面である。神職は「オー」というかけ声を1度もしくは3度あげる。**「警蹕《けいひつ》」**という、神を呼ぶ声だ。神降ろしの儀はいまも続いているのである。そして本殿の扉を開けると、神が祭りの場に現れ出でる。緊張を伴う一瞬だ。

こうして降臨した神に、供え物を捧げる。神饌《しんせん》（→P42）である。現代のメニューは一般的に、米、餅、酒といった稲作由来のもの、魚や海藻、塩など海由来のもの、そして野菜や果物、川魚など山由来のものだ。

調理にあたっては、伊勢神宮などの神社では「忌火《いみび》」が使われる。その名とは逆に**「清浄なる炎」**という意味を持つ。これは火鑽《ひきり》という木と木を摩擦させるという原初のま

神前に供える玉串。その語源は諸説あり、神に手向ける「手向け串」や、かつて串に玉をさしていたから「玉串」、神霊が宿る「霊串」などといわれる

まの方法で発火させたもの。神饌はこの忌火で煮炊きするのである。

なお通常、鳥と魚以外の肉は捧げない。穢れの対象と考えられたからだ。しかし狩猟が人々の暮らしに深く根づいている地域では別で、例えば阿蘇神社（熊本）や二荒山《ふたらさん》神社（栃木）では鹿を供えるし、諏訪大社（長野）では鹿だけでなく猪も神饌に加えられる。

続いて祝詞を奏上し、**玉串**を神前に供える。玉串とは、木綿《ゆう》という糸をつけた榊の枝のこと。根元を神前に向けることで「玉」すなわち魂を神に捧げる意味を持つのだ。

最後に神饌を片づけ（椀にふたをするだけの場合もある）、本殿の扉を閉めて神にお帰りいただき、神職のあいさつをもって一連の儀式は終了となる。

その後の直会（↓P42）で神饌をいただき、参加者が神と同一になって、神事は完成されるのだ。

この手順、式次第は、地域や神社の規模によっても違うが、おおむね同じだ。そして大祭から地域の地鎮祭、神前結婚式まで、やはり同様の祭式が行なわれている。いわば神道、神事の基本ともいえる流れなのだ。

33 伊勢神宮で1年に行なわれる祭りの数は？

「神社の中の神社」とも称される伊勢神宮。日本の全神社の中心ともいえる存在であり、**正しくは「神宮」という**。ほかにもいくつか神宮の名を持つ神社はあるが、神の宿る宮を名乗れるただひとつの存在は、本来は伊勢ひとつなのである。

そんな神宮は、天照大御神を祭神とする内宮、豊受大御神《とようけのおおみかみ》を祀る外宮《げくう》、さらに三重県内の広大な範囲に点在する１２５もの宮社からなる。これらすべてを合わせて「神宮」なのだ。

当然、祭りの数も膨大なものとなる。**神宮では1年間３６５日、なんらかの祭りがどこかで行なわれている。**まさに神域といえる。

最も神聖かつ大規模なものは20年に1度の式年遷宮（↓P１２６）だ。祈年祭（↓P94）、新嘗祭（↓P86）といった全国規模の神事も厳粛に行なわれる。

10月16、17日の**神嘗祭**《かんなめさい》は、年間の神事の中ではとくに重要だ。これはその年にはじめ

神嘗祭にて、由貴大御饌を捧げる儀式に向かう神職たち（写真提供：神宮司庁）

て収穫された新穀を天照大御神に捧げるもの。神嘗祭では、装束や祭祀に使う器具、御神酒などもすべて新しくする。心機一転して臨む神嘗祭は「神宮の正月」とも言われている。

「由貴大御饌《ゆきのおおみけ》」と呼ばれる新穀を捧げるのは、闇夜である。月の光を浴びた社殿での儀式は荘厳で、神代を見る思いだ。

　この神嘗祭、つまりコメの収穫と感謝を基準とするサイクルで、神宮のさまざまな祭りは行なわれている。その数はなんと**年間１５００を超える**のだとか。ここはまさしく神の宮なのだ。

34 日本で最も古くから続いているお祭りは？

神事としての祭りの中で、最も古くから続いているものとされているのが、**大阪・住吉大社の御田植神事**《おたうえしんじ》だ。毎年6月14日に行なわれており、その起源は1700年も昔のことになる。3世紀に神功皇后《じんぐうこうごう》が水田をつくり、長門国（現在の山口県）から植女《うえめ》という田植えをする女性を招いたことがきっかけだという。

祭式は往時を髣髴《ほうふつ》させるものだ。まず神前でお祓いを受け、清められた早苗が植女に手渡される。稚児《ちご》や巫女を従えた植女たちは水田に赴き、やはり清められた神水を注ぎ入れるのだ。そして早苗は替植女《かえうえめ》という役割の女性によって、水田に植えられていく。その間、巫女による舞や稚児の歌が奉納される。こうして**田の神を喜ばせ、活力を与え、早苗に生命力を与える**のだという。

五穀豊穣を神に祈ることこそが日本のすべて祭りの出発点だが、その原風景を見る思いだ。稲作が日本人にとっていかに大切かを実感する。1974年には重要無形民俗文

住吉大社の御田植神事。替植女が水田に苗を植えていく

化財に指定されている。

福岡県の大善寺玉垂宮《たまたれぐう》にも、非常に古い祭りが残る。創建１９００年を超えるが、神仏習合の時代に神宮寺（→P63）となっている。その後、明治時代の廃仏毀釈（→P74）によって大善寺がなくなり、玉垂宮だけが残された珍しい神社といえる。

その玉垂宮で毎年１月７日に行なわれる激しい火祭りが「鬼夜」だ。これは３６８年に、地域を荒らしていた盗賊、桜桃沈輪《ゆすらちんりん》の討伐に由来する。明かりのない当時、夜の闇の中で松明をかざして必死に捜索をし、見事に討ち取るのだ。以来１６００年以上もの間、巨大な松明に火を灯す勇壮な祭りが続けられている。日本３大火祭りのひとつであり、やはり重要無形民俗文化財だ。

35 毎月行なわれている神社の祭りとは？

農作のサイクルに合わせた祭りだけでなく、神社では毎月ごときちんと神に祈り、祭りをするものだった。それが**月次祭**《つきなみさい》である。月並祭とも書く。いまも多くの神社で催されており、毎月1日か15日というところが多い。その両日というところもある。

修祓にはじまり、神饌を供え、祝詞を奏上して玉串を備え……といった式次第（→P102）は通常の祭りと同様だ。こうして地域と、日本の安寧を願うのである。一般の人でも参加できるところもあるし、月次祭の日に神社を参拝すると、いつもよりご利益があるともいわれる。

この月次祭、『延喜式』では6月11日と12月11日に執り行なうよう定められた。平安からのその伝統をいまも続けているのが伊勢神宮だ。内宮、外宮それぞれにて、深い闇に包まれた夜10時と深夜2時、由貴大御饌《ゆきのおおみけ》という神饌が捧げられるのだ。2000年間変わらぬ、厳粛にして幻想的な祭りなのだ。同じ儀式は神宮内すべてのお社で行なわれ

千代保稲荷神社。毎月最終日に「月越し参り」として多くの参拝者が集う

るため、25日までかかる。

岐阜県の**千《ち》代《よ》保《ほ》稲荷神社**では、月次祭が名物になっている。「おちょぼ稲荷」とも呼ばれており、毎月1日、15日、22日と3度の月次祭をすることで知られるが、さらに毎月最終日は「月越し参り」となり、日づけをまたいだ祭りとなる。**去りゆく月を惜しみ感謝し、新しい月も良いことがあるように祈る**のだ。このとき、境内はたくさんの屋台で埋め尽くされ、縁日となる。串かつ、どて煮、なまず料理など名物の屋台も多く、未明までおおぜいの参拝者で賑わう。

36 1500年間、毎日続く祭り

日々これ祭りであるのが神社の日常だ。月次祭が毎月の祭りならば、毎日行なわれている祭りもある。**日供祭《にっくさい》**だ。**毎朝、神饌を神前に供え、祝詞を唱えて、その日の平和を祈る。**神さまも毎日、食事を召し上がるのである。神饌は米、酒、野菜や塩、水という神社が多いようだ。本来は朝と晩、2度の献饌がされるものだった。いまでは朝だけのところ、朝に献饌して夕方に撤饌するところもある。**祭りでもあり、もはや神職の、神社の日課とさえいえる。**神事は毎日いつも行なわれているのだ。

伊勢神宮の日供祭は、きわめて厳格で古式そのままだ。日別朝夕大御饌祭《ひごとあさゆうおおみけさい》と呼ばれる。外宮の御饌殿《みけでん》に朝夕2度、天照大御神をはじめ、神々の食事を供え奉るのだ。白装束に身を包んだ、禰宜、権禰宜など神職一行が神饌を捧げもって境内を歩く姿は外宮ならではの光景でもある。

神饌は、ご飯3盛、鰹節、魚、海藻、野菜、果物、塩、水、お神酒3献。これらは神

日別朝夕大御饌祭で御饌殿に向かう伊勢神宮の神職たち（写真提供：神宮司庁）

宮内の忌火屋殿で調理される。古代のように、木の摩擦熱を利用する「火鑽具《ひきりぐ》」によって熾された忌火（↓P103）を使うのだ。忌むべき火ではない。神聖な火という意味である。

さらに水は外宮・上御井《かみのみい》神社から汲みだされた、やはり神聖な水だ。上御井とは大切な井戸のこと。その井戸を守護する神社なのだ。毎朝、上御井から水を汲む行為はすでに神事なのである。神宮内でつくられるお神酒にも使われる水だ。上御井神社はとくに重要な神域とされ、一般人は立ち入ることができない。

そして米や野菜、果物も同様に神宮内で育てられたものだ。

朝に夕にこれらの神饌を捧げ、禰宜によって祝詞が奏上されること、およそ１５００年といわれている。

37 地域の習俗を深く残す特殊神事

通常の祭祀は、日本のどこでも共通の祭式、式次第（↓P102）に則って行なわれる。しかしそれとは別に、各地域、各神社に伝わる固有の祭りもある。特殊神事である。

中央の神祇制度とは異なる、いわば**オリジナルな祭りだけに、より古い神道の姿を見ることができる**のだ。その土地の古い習俗がさらに濃厚に息づいているといえる。

長野県の諏訪大社には多数の特殊神事が伝わっているが、とくに有名なものが**御柱大祭**《おんばしらたいさい》だ。7年に1度（数え年。実際は6年に1度）、申年と寅年に行なわれている（次回は2022年の寅年）。諏訪湖周辺の深い山中から、樹齢150年を超えるという巨大なモミの木を16本も切り出し、山から曳《ひ》き、社殿の四隅に立てるというものだ。モミは高さ17メートル、重さ10トンにもなる巨木。これを急斜面に滑降させて曳いていく「木落とし」は危険極まりなく、過去にたびたび死亡事故が起きている。

2016年には宮司が業務上過失致死容疑で告発されることもあったが（後に不起

長野・諏訪大社の御柱祭における「木落とし」神事

訴）、それでも続けられているのは地域に深く根ざす山岳信仰があるからといわれる。巨木や巨岩、山など、大きなものに神を見て崇めた原始神道の名残りが、この特殊神事には受け継がれているのだ。

熊本県の阿蘇《あそ》神社とその周辺では、**農耕に関する特殊神事**が行なわれている。豊作への祈りから、種まき、田植え、厄除け、収穫と、稲作の進行にともない、季節ごとにさまざまな祭祀が紡がれていく。

もっとも知られたものが**火振り神事**だ。3月のはじめの卯の日から7日間にわたって続くもので、神社の祭神である健磐龍命《たけいわたつのみこと》の結婚の儀を模したものといわれる。健磐龍命とは阿蘇山の神であり、水と農作の神でもある。

熊本・阿蘇神社の火振り神事

その神に嫁入りする姫神を出迎えるために、人々は無数のたいまつを灯すのだ。そしてカヤの束に火をつけ、夜空に振り回す。暗闇に炎の輪が描かれる幻想的なその様子は、もしかしたら太古から変わっていないのかもしれない……そう思わせる祭りなのだ。この後は稲作の過程を演じる神事や、おんだ祭り（↓P95）もある。

これら一連の祭りは**「阿蘇の農耕神事」**として国の重要無形民俗文化財に指定されている。村と神社と田。それだけのシンプルな生活が営まれていた時代の、祈りの姿を、いまに伝えるものなのだ。

名高い京都の祇園祭《ぎおんまつり》では、きらびやかな山車が街をゆく**山鉾《やまぼこ》巡行**が特殊神事だ。石川県の**「アエノコト」**（↓P88）も同様。

青森・岩木山神社で行なわれる山登り神事の「お山参詣」。白装束をまとい、笛や太鼓、鉦の登山囃子に合わせ、御幣やのぼりをささげて進む（提供：毎日新聞社）

青森県の岩木山《いわきやま》神社では、**山登り**が特殊神事となっている。岩木山のふもとにある岩木山神社から、標高1625メートルの山頂にある奥宮を目指すのだ。旧暦8月1日に行なわれるが、いつごろはじまったものなのか定かではない。

古式の白装束に身を包んだ参拝者は、「サイギ、サイギ」と唱えながら山を登っていく。これは「懺悔、懺悔」という意味があるのだそうだ。山の神を崇めつつ、自らの罪を浄化させる道ゆきでもあるのだ。やはり国の重要無形民俗文化財に指定されている。

地域ごとにさまざまな特殊神事があるので、地元の神社をのぞいてみてはどうだろうか。

38 「ねぷた」と「くんち」も神事のひとつ

東北各地の夏の名物**「ねぶた」**もまた神事である。青森市と弘前市のものがとくに有名で、ねぶたという巨大で勇壮な山車《だし》を引く夏の祭典だ。「ぷ」と「ぶ」の違いは地域による方言、なまりといわれ、青森市周辺では「ねぶた」、弘前市のある津軽地方は「ねぷた」と呼ぶそうだ。

その起源は、8～9世紀にかけて活躍した武将・坂上田村麻呂《さかのうえのたむらまろ》の蝦夷《えみし》討伐にあるという説がある。中央の軍門に下らず抵抗する蝦夷に対して、田村麻呂は灯篭や笛、太鼓、敵をおびき出すために人形をつくり、それがねぷたに変化していったというものだ。しかし田村麻呂が青森に来た史実はないことから、これは彼の伝説性を高める創作のひとつと思われる。

それよりも、やはり稲作にルーツを求める説が広く支持されている。暑さの厳しい夏、収穫のシーズンを前に忙しさの増す中で、人々はつい眠気に襲われることがあった。農

青森ねぶたの山車（©Appie Verschoor）

作業をしながらも、居眠りをしてしまうのだ。この**睡魔を払う行事「眠り流し」がルーツ**だというものだ。これも東北地方に伝わっており、七夕に合わせて行なわれることが多い。睡魔を形代に移して川や海に流すというものだ。睡魔とともに夏の間に心身にたまった穢れを、形代を使って祓うという意味があるようだ。

福島県などでは、ねむの小枝で目をこすり、それを川に流すと早起きになるという「ねぼけ流し」を行なっていた地域もある。ねむの木の葉は夜間になると閉じる「就眠運動」をすることで知られているが、その規則性に着目したようだ。

この眠り流しがやがて「ねむた流し」へと変化し、さらにねぷた（ねぶた）となっ

長崎くんちにおける「龍踊り」（©Marine-Blue）

ていったと考えられている。山車もまた、人の世の夏の穢れをその身に移す、形代の一種だったのだ。

一方で九州で広く行なわれている**「くんち」**も神事だ。こちらは**収穫を祝う秋祭りの色彩が濃い**。旧暦9月9日、重陽の節句に催されたことから、語呂あわせで「くんち」と呼ばれるようになったとも、収穫物を神に供える日である「供日（くにち）」から取られたともいわれている。

長崎、佐賀、福岡の3大くんちが名高いが、ほかにも九州北部の各地で特色ある収穫祭となり、街は実りに沸くのだ。

長崎くんちでは、3メートル以上にもなる傘鉾《かさぼこ》という山車が練り歩き、踊りを神前に奉納する。とくに巨大な龍が舞う

龍踊り《じゃおど》が有名で、古代中国の雨乞いに由来するものだとか。
秋の恵みに感謝する地域の神事が、江戸時代に大規模な祭りへと変化し、年々拡大していったようだ。大陸との玄関口という役割を担ってきた土地柄もあって、中国の影響も受けつつ、ポルトガルの楽隊が参列したり、阿蘭陀万才《おらんだまんざい》というオランダ人を模したピエロによる舞いも奉納されるなど、日本の神事でありながら国際色の強い祭りとなっている点も特徴的だ。

39 日本神話にルーツがある酉の市

毎年11月の風物詩といえば、**酉《とり》の市《いち》**だろう。11月に巡ってくる十二支のうち酉の日に行なわれるものだ。全国の鷲《おおとり》神社が舞台だ。大鳥神社、大鷲神社という漢字を使う神社もある。

商売繁盛の**熊手**が売られ、屋台がひしめく、秋の夜を彩る盛大なお祭りだが、これもまた神事なのである。その起源はさまざまに語られるが、日本神話の一節が有名だろう。かの日本武尊《やまとたけるのみこと》は東日本を平定する旅に出て、見事に戦勝を治めたといわれる。これを祝った場所が、現在の東京・足立区にある鷲神社だと伝説にはある。それが11月の酉の日だったのだ。こんな故事から全国の大鷲神社は日本武尊を祭神とするようになり、祭りがはじまった。やがて近隣の農村で行なわれていた秋の収穫祭とも混じり合っていく。

ではなぜ、熊手なのだろう。祭りがはじまった当時は、東京といえど田畑が広がる農村だった。だから祭りの屋台にも、農具がたくさん売られていたことだろう。熊手も同

酉の市が行なわれる東京・浅草の鷲神社（©Shu takinami）

様だ。これがいつしか**「富や運をかき込んでくれるもの」と縁起物になっていった**のだ。

また一説によれば、日本武尊は鷲神社にあった松の木に、武器として使っていた熊手を立てかけたという。ここから「縁起熊手」が生まれたともいわれる。

いずれにせよ、立身出世・商売繁盛のご利益があると評判になり、いまに至っている。毎年少しずつ大きな熊手に買い換えていくと、商売も同じように大きくなっていくのだとか。

酉の市では、各神社で独特の神事も行なわれる。東京・浅草の鷲神社は、鷲の面をかぶって舞われる神楽が有名だ。東京・目黒の大鳥神社では、熊手と八つ頭の芋が捧げられる神事がある。日本武尊の行く手を阻み、やがて倒された8つの集団の頭目を表しているのだ。

40 神輿が練り歩くのは神さまの地域視察

祭りのときに欠かせないもの……そのひとつが**神輿**《みこし》ではないだろうか。小さな町内会でも地域の例祭になると、ふだんは安置されている神輿を担ぎ出すものだ。有名な神社の大きな祭りともなれば、大観衆の中、派手な神輿が通りを行き、たいへんな盛り上がりとなる。祭りのクライマックスともいえる。

地域によっては、豪華絢爛に飾られた山車という場所もある。関西では、この山車をだんじりと呼ぶところが多い。

いずれにせよ、**これは神の乗り物なのである**。祭りというハレの日に、**ふだんは神社の本殿の中にいる神が、神輿に乗って我が町を巡行する**。**これは神幸式**《しんこうしき》**、あるいは御神**《ごしん》**幸**《こう》**といって、重要な神事のひとつだ**。こうして神は神輿に乗って担がれ、あるいは山車によって運ばれつつ、氏子の住む地域を見て回る。そして、その威光でもって穢れを祓い、厄を落とし、人々に力を与えてくれるとされるのだ。

だから神幸式のときは、神輿をできるだけ大きく揺さぶり、ときに激しくぶつけあい、だんじりを荒々しく引き回し、神を興奮させるのだ。そのほうが神が喜び、より大きなご加護を地域に与えてくれるという。これは魂振りとか、暴れ神輿などとも呼ばれる。

京都・御香宮神社の御神幸

そして神輿は、よく見れば神社を模した形をしており、社殿や鳥居、階段や扉などに至るまで細かく精緻に再現されている。神輿はいわば移動式の神社であり、神の宿るものであるからにほかならない。

記録に神輿がはじめて現れるのは奈良時代だ。1313年に編纂された『八幡宇佐宮御託宣集』に記述がある。720年、隼人《はやと》（現在の鹿児島）で起きた反乱を、八幡神が討伐することになった。このために作られた乗り物が神輿だといわれる。その後、平安時代になると大きな神社を中心に神輿がつくられるようになり、祭りの中心となっていく。

41 神様の引っ越しも神事のひとつ

数十年に一度、社殿を建てかえる神社がある。老朽化したわけではない。その根底には、神道特有の**「常若《とこわか》」**という考え方があるのだ。読んで字のごとく、「常に若くあれ」。神社も年月が経つと、社殿は古くなり傷みが生じる。そこで社殿を建てかえ、新しく若々しい状態に戻す。これを式年遷宮という。

20年ごとに行なわれる香良洲《からす》神社（三重県）や穂高《ほたか》神社（長野県）、60年ごとの豊受《とゆけ》大神社《だいじんじゃ》（京都府）など、いくつかの神社で続けられているが、やはり**伊勢神宮の式年遷宮**が特別なものとされている。天武《てんむ》天皇の発案によるもので、持統天皇統治下の690年にはじまっている。以降20年に1度、1300年におよび続いているもので、2013年には62回目の神宮式年遷宮が行なわれている。

このときは内宮や外宮、14の別宮だけでなく、神宮に保管されている神宝や御装束など714種1576点もすべてつくりかえた。8年にわたり、また550億円という巨

「伊勢大神宮遷御之図」（一勇斎国芳・画、1855 年頃）

額の予算がかけられた一大プロジェクトだった。この間、遷宮に伴う祭祀も重ねられ、最後に挙行されたのが**遷御《せんぎょ》の儀**だ。新しい社殿に神をお遷《うつ》しする、いわば引越しといえる。天皇が定めた日時に行なわれる。

皇室の祖でもあり伊勢神宮（内宮）の祭神である天照大御神。御神体とされる八咫鏡を、神職たちが白い布で覆いながら慎重にお遷ししたという。その様子はほとんど公開されない秘儀である。闇夜に響き渡るのは「カケコー、カケコー」という高らかな声。天岩戸におこもりになった天照大御神をこの世に引き出したきっかけのひとつ、鶏の鳴き声を真似ているのだ。

こうして神宮は神々を美しい社殿にお祀りし、日の本を照らすのだ。1300年前から続く、伊勢神宮最大の祭祀である。

42 新天皇の即位のときには何が行なわれるのか？

2019年5月1日、いよいよ新しい天皇が即位する。これに前後し、皇位の継承に伴うさまざまな儀式が行なわれる。数多くの神道祭祀を司る天皇が代替わりすることは、大きな神事でもある。**期間は半年に及び、儀式の数はおよそ30を数えるという**。

まず4月30日には、今上天皇の退位の儀がある。その翌日、5月1日から、新しい時代がはじまるのだ。元号が改まるのはとくに象徴的な出来事だろう。

そして新天皇は、皇位の証である剣璽を受け継ぐ。剣璽とは3種の神器のうち、草《くさ》薙《なぎのつるぎ》剣と八尺瓊勾玉《やさかにのまがたま》のこと。この**「剣璽等承継の儀」**《けんじとうしょうけい》によって、皇位もまた次代に渡されたことが確定するのである。

同日には**「即位後朝見の儀」**もある。新天皇が日本国民の代表と会う儀式だ。国民の代表とは、この民主主義国の日本を統治する、3つの統治機構のトップのこと。すなわち、立法府……衆議院議長、行政府……内閣総理大臣、司法府……最高裁判所長官。い

天皇家としての“代替わり”の儀式「剣璽等承継の儀」（提供：毎日新聞社）

わゆる「三権の長」を指す。

その後、宮中の賢所に祀られている3種の神器の最後のひとつ、八咫鏡《やたのかがみ》を受け継ぐ儀式もある。やはり宮中の皇霊殿や神殿では、即位の礼や、大嘗祭（↓P90）の日取りが奉告される。

天皇は、遠く天照大御神から代々続く稲作の守護者でもあることにはたびたび触れてきたが、皇位継承においても「米」にまつわるしきたりがある。大嘗祭をはじめ、皇室のさまざまな祭祀で使われる稲を育てる水田……「斎田《さいでん》」を決めるのだ。その生育を待ち、新穀を収穫する儀式も行なわれる。

そして10月22日、新しい天皇が即位を広く宣言する**「即《そく》位《い》礼《れい》正《せい》殿《でん》の儀」**を迎

「即位礼正殿の儀」に臨むため、正殿正面の廊下を進まれる天皇陛下
（写真提供：毎日新聞社／代表撮影）

える。舞台は宮中の宮殿でもとくに格式の高い「松の間」だ。一連の即位の礼の中で、最も重要かつ厳かなひとときでもある。新時代の天皇からは、どんな言葉が紡がれるのだろうか。

同日には**「祝賀御列の儀」**、つまりパレードが盛大に催される。おおぜいの人々が祝福のために押し寄せるだろう。22日以降のいずれかには、外国の首脳などＶＩＰを招いての**「饗宴の儀」**が開かれる。

11月14、15日は**大嘗祭**（↓Ｐ90）だ。新天皇即位後、はじめての新嘗祭であり、斎田で収穫された新穀が使われる。稲作が日本という国の根幹にあると実感する儀式になるだろう。

ただし、即位の礼をあまり華美なものに

したくはないという皇室の配慮がある。平成となるときには大々的に挙行された即位礼正殿の儀や饗宴の儀、大嘗祭などは、規模や予算を縮小する可能性もある。

その後、即位の礼の一環として行なわれる儀式が**「立皇嗣《りっこうし》の礼」**だ。皇嗣とは天皇の後継ぎのこと。新しい天皇の即位とともに、次世代の世継ぎも決定しておくのだ。これは2020年4月19日の予定となっており、秋篠宮さまが皇嗣としてすでに決まっている。

なお、昭和天皇から今上天皇へ皇位が継承された際には、およそ2年にもわたり儀式が続いた。これは昭和天皇の崩御による代替わりだったからだ。崩御の後にすぐ「平成」へと改元され、即位後朝見の儀が行なわれたが、それからは「諒闇《りょうあん》」という期間が挟まれたのだ。これは、天皇が父母の崩御に際して喪に服す期間のこと。喪が明けてから、即位の礼へと移行したため、時間がかかったのだ。2019年は今上天皇の生前退位による皇位継承のため、前回よりは期間が短くなる。

43 即位の礼にともなって京都から運ばれた「天皇の座」とは

２０１８年9月26日、京都御所から皇居へと、歴史的な「移送作業」が行なわれた。「即位礼正殿の儀」で使用される**「高御座《たかみくら》」**が厳重な警備のもとに運ばれたのだ。

高御座とは天皇がつく座のこと。古代からさまざまな神事や儀式のとき、要人を迎えるとき、天皇は高御座に腰を下ろし、周囲を睥睨《へいげい》したのだ。いわば玉座である。『古事記』や『日本書紀』にも、高御座は天皇が座する場所であるとの記述が見られる。

平安時代から宮中に安置されていたが、鎌倉時代になると、京都御所の中央、最も格式高いとされる紫宸殿《ししんでん》に移された。以降、即位礼正殿の儀は、この高御座で行なわれてきたのだ。だから高御座そのものが、天皇の位を表す記号ともなっている。

およそ１０００年にわたり、紫宸殿で続けられてきた即位の礼も、今上天皇からは現在の皇居に舞台が移された。しかし**高御座は京都の紫宸殿で保管されることが伝統だ。そこで前回も、即位の礼に伴って東京まで移送作戦が行なわれている。**

即位の礼にて、高御座に立つ今上天皇（画像引用：首相官邸ホームページ）

今回は、専門の職人の手によって、まず高御座をおよそ3000もの部品に解体。新皇后の登壇する御帳台《みちょうだい》も同じように分解した。これらを8台の4トントラックに積み込み、皇居へと到着したのだ。即位礼正殿の儀を前に、部品を組み直す作業をして、儀式当日を待つことになる。

なお現在の高御座は、大正天皇即位のときにつくられたもの。高さ約6・5メートル、重さ約8トンという大きさだ。漆塗りの基壇の上に玉座が設えられており、その周囲を八角形の柱がめぐる。屋根もやはり八角形で細やかな装飾が施されているほか、堂々たる鳳凰が飾られている。即位の礼の際には、その麗しき姿が公開されるだろう。

44 即位のときに天皇がまとう衣装

即位礼正殿の儀に臨むにあたって、天皇がまとう装束が**「黄櫨染御袍《こうろぜんのごほう》」**である。束帯と呼ばれる平安以来の宮中の伝統衣装のうち、上着にあたる「袍《ほう》」のことなのだが、その色使いが特別なのだ。「黄櫨染」である。

赤と茶の中間のような渋みながら、日の光を浴びると金色を帯びる。これは蘇芳《すおう》というマメ科の木からとった赤い染料と、ウルシ科の櫨《はぜ》の木からとった黄色の染料を混ぜることによってできるものだ。**その独特な輝きを持つ赤茶色は神聖なものとされ、天皇だけが身につけることを許された「禁色」となったのだ。**８２０年のことである。

唯一無二の色で染め上げられた黄櫨染御袍には、皇位を寿《ことほ》ぐ鳳凰と麒麟、桐、竹の文様が縫いつけられている。平安から続く伝統の文様は、いまも皇室を守っているのだ。

天皇はこの特別な衣装を、宮中祭祀など重要な神事のときに着用してきた。２０１９年の即位礼正殿の儀でも見ることができるだろう。

黄櫨染御袍（左）と帛御服（右）をまとった今上天皇

その後、即位を賢所に報告する儀式のときには、また違う衣装をまとう。**帛御服《はくのごふく》**だ。生糸で織ってから精錬した柔らかな絹で、光沢のある神々しい純白だ。これは大嘗祭や新嘗祭といった大きな神事のときの装いでもある。このときは皇后も同じように帛御服を着る。

古式に則ったさまざまな衣装を見ることも、即位の礼の興味深いところだろう。

45 「三種の神器」は存在するのか？

『日本書紀』にいわく、天照大御神はこの列島を治めるべく、瓊瓊杵尊《ににぎのみこと》を使わした。このとき、天照大御神が授けたものこそ「**三種の神器**」である。

八咫鏡《やたのかがみ》、**八尺瓊勾玉**《やさかにのまがたま》、**草薙剣**《くさなぎのつるぎ》の3つで、これらの所有者が天皇になる資格を持つと伝えられている。初代である神武天皇から125代、2600年以上にわたって皇室に受け継がれているといわれるが、その実態は謎に包まれている。というのも、**皇室の人間どころか、天皇その人すら見ることが禁じられている**からだ。

現在、八咫鏡は伊勢神宮の内宮に、八尺瓊勾玉は皇居・吹上御所の剣璽《けんじ》の間に、そして草薙剣は熱田神宮に保管されているとされる。しかし長い歴史の中では、破損もある。皇位を巡る奪い合いも起きた。

有名な事件が壇ノ浦の戦いだろう。長年続いてきた源氏と平氏の争いの最終局面だ。激しい戦いの中、**安徳天皇は三種の神器とともに関門海峡に散ってしまう**のだ。鏡と玉

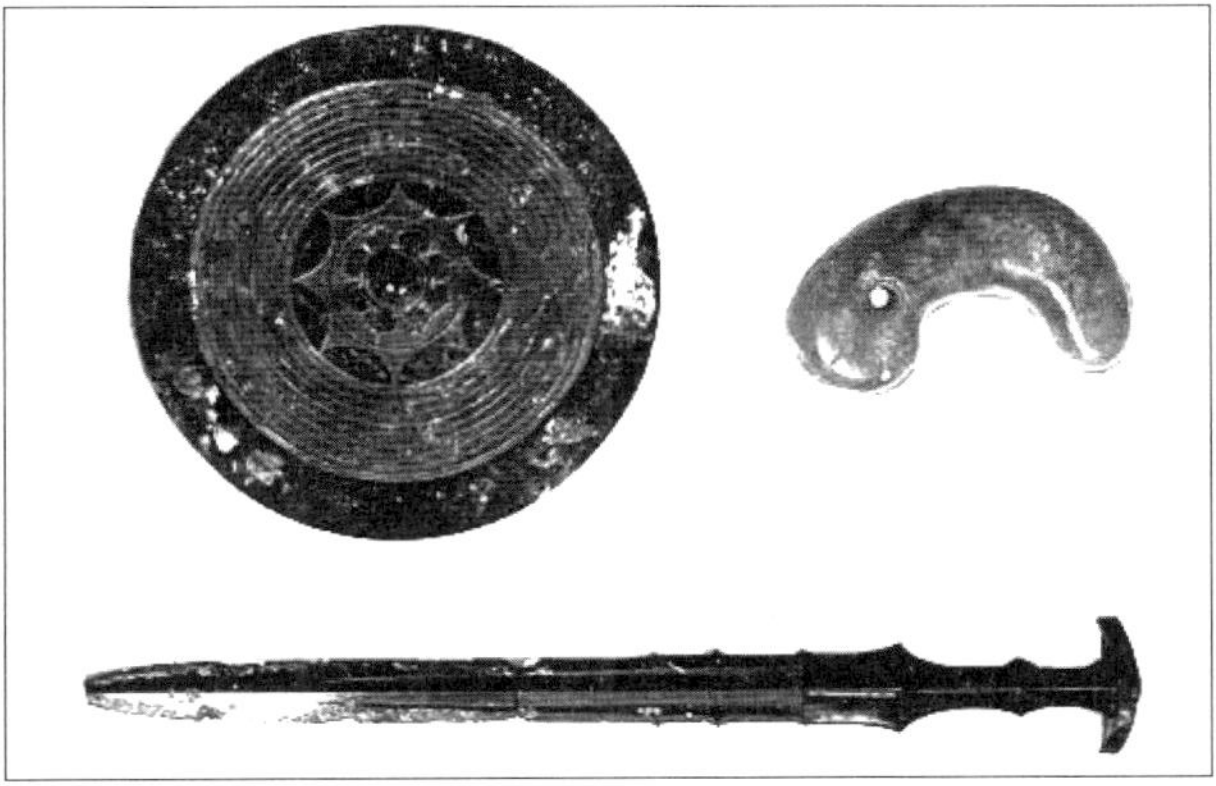

三種の神器の予想図。八咫鏡（左上）、八尺瓊勾玉（右上）、草薙剣（下）となる。本体は誰も見ることが許されていない

は回収されたものの、草薙剣はついぞ見つからなかったと歴史書『吾妻鏡《あづまかがみ》』は伝えている。その後、伊勢神宮にある剣の中から、新しい草薙剣が選ばれたのだとか。

八咫鏡は平安時代に3度の火災に遭ったため、現存しているものは焼けた後の灰だともいわれる。伊勢神宮の式年遷宮のときには厳重に封印された上で新しい社殿へと移動されるが、やはり中の確認は許されない。

皇位を継承するときには、これら三種の神器が新しい天皇に受け渡される。「剣璽等承継の儀」だ。**このときに使われるのは形代というういわばレプリカであり、やはり本体については謎のまま**なのである。

46 元号が変わるのはどんなとき？

２０１９年４月30日、いよいよ平成の世が終わる。新しい天皇の即位に伴って、元号が５月１日から「令和《れいわ》」へと変わるのだ。

「ひとりの天皇にひとつの元号＝一世一元」というこのルールだが、定着したのは最近のことである。維新によって明治となったときに決められたのだ。天皇の権威やカリスマ性を高める政策のひとつだったといわれる。

その後ＧＨＱ（連合国軍最高司令官総司令部）の占領下で日本国憲法と皇室典範も新しくなり、一世一元についての規定はなくなった。しかしすでに、日本人の生活に元号と一世一元の考え方は定着していた。そこで１９７９年に元号法を定めたのだ。

・元号は、政令で定める。
・元号は、皇位の継承があった場合に限り改める。

という日本で最も短い、２項だけの法律によって一世一元が再び定められたのだ。

明和９（1772）年に江戸で発生した「明和の大火（目黒行人坂大火）」を描いた絵巻。同年の夏に四国で台風による甚大な被害も発生し、11 月に「安永」に改元された（『目黒行人阪火事絵巻』）

明治以前は、ひんぱんに改元が行なわれている。天皇の代替わりによる改元は**「代始《だいはじめ》改元」**というが、それ以外にもさまざまな理由で元号が変えられた。

たとえば陽成《ようぜい》天皇の時代、白い雉や鹿が相次いで発見される出来事があったという。幸運の象徴と考えられた。吉兆と見た陽成天皇は877年に「元慶《げんぎょう》」と改元している。こうして吉事をもとに元号を変えることを、**「祥瑞《しょうずい》改元」**という。

反対に凶事をきっかけとする改元は**「災異《さいい》改元」**という。大地震、津波、伝染病、戦乱……日本は昔からさまざまな天災や人災に見舞われてきた。その暗い世相を一新するために元号が変えられたのだ。1703年には関東地方を元禄地震が襲い、死者6700人以

後醍醐天皇像

上という大きな被害をもたらした。これを重く見た東山《ひがしやま》天皇は、元禄から宝永へと元号を変えている。

「革年改元」というものもある。干支の甲子《きのえね》と辛酉《かのととり》、戊辰《きのえねたつ》の年には政変が起きるという中国の故事に基づいたものだ。世を安定させるために改元したのである。しかし革年改元をしなかった1868年の戊辰の年には、日本最大の内戦が起こった。戊辰戦争だ。この結果、明治維新が成り、日本は新しい時代に入った。

災害などが多発する時代に即位してしまった天皇は、たびたび元号を変えている。**鎌倉幕府を滅亡させて南朝を開いた後醍醐天皇は、在位21年の間に8度の改元を行なっている。**自らの即位に伴う代始改元、革年改元が2度、災異改元が4度、そして南朝を建てた際には「乱れた世を正す」として改元した。これを**「撥乱《はつらん》反正」**という。

近代では孝明天皇が6度の改元を行なった。1846年に即位して代始改元、それから1854年には地震や黒船来襲を受けた災異改元。黒船もまた「災異」と捉えられたのだ。さらに１８６０年には江戸城の火災、桜田門外の変による災異改元となる。その翌年、１８６１年は辛酉の年だったため革年改元を行なった。元号「万延」はたった１年で終わったのだ。これには幕府や朝廷から異論もあったという。続いて１８６４年は甲子で再び革年改元。そして翌１８６５年には蛤御門《はまぐりごもん》の変など、相次ぐ戦乱によって災異改元となった。元号「元治」も、やはり1年きりだった。

孝明天皇。明治天皇の父にあたる

　こうして慶應に改元されたのだが、開国と倒幕の動きはもう止められないところまできていた。慶應元年にはアメリカ、イギリス、フランス、オランダの艦隊が大坂湾に進入。その強大な軍事力を見た孝明天皇は日米和親条約を認めることになる。こうして維新は加速していき、孝明天皇は江戸時代最後の天皇となった。

47 元号は中国に起源がある

元号とはもともと、中国で始まった紀年法だ。西暦や仏暦などと同じく、年数や歴史を計算する方法のことだ。最初の元号は紀元前140年に前漢で定められた「建元」で、武帝が自らの即位した年を元年とした。

その後、中国文化の影響が大きかった国でも使われるようになる。北朝鮮にあたる地域では高句麗が391年に「永楽」という元号を使いはじめた。韓国では536年に新羅がやはり「建元」を用いている。ベトナムも970年から「太平」を制定している。

日本初の元号は645年に定められた。「大化」だ。孝徳天皇が行なった土地や税金についての法律改正、戸籍の作成といった一連の政治改革を「大化の改新」と呼ぶが、これにちなんでのものだ。改革には唐の法律を参考にしたことも大きく影響している。

東アジアの歴代の王が代替わりするときに改元するのは、歴史を支配しているのは誰かということを内外に広く知らしめる意味があったといわれる。

しかしその後、各国は元号を使わなくなっていく。中国では1911年の辛亥革命で清朝が滅ぶと元号を廃止した。朝鮮半島は1945年に日本軍が撤退し独立したことを機に廃止。ベトナムも同じく1945年にベトナム民主共和国が成立すると、君主制とともに廃止された。

一方で日本は、現在まで元号を使い続けているただひとつの国だ。7世紀頃は干支のほうが優勢だったこともあるが、701年の大宝からはずっと元号を用いてきた。「平成」まで実に247の元号が、時代が、巡ってきたのである。

古代中国の皇帝・武帝

48 元号はどうやって決められる？

元号はこれまで、**そのほとんどを中国の書物から引用してきた**。とくに『五経』はこれまでたびたび使われてきた。『詩経』『書経』『礼記』『易経』『春秋』からなる『五経』は、儒教の経典ともいえる書物である。人としての規範や生きる知恵、政治の在り方などが記されているものだ。このうち孔子が編纂し、歴代の皇帝たちの言葉を綴った『書経』から、「平成」も「昭和」も引用されているのだ。また『漢書』『後漢書』『晋書』などの歴史書からも元号が選ばれている。

しかし平成の世から「令和」へと移った2019年は、**史上初めて日本の古典から引用された**。日本最古の和歌集である『万葉集』の5巻目の詩の一節だ。

「初春の**令**月《れいげつ》にして　気淑《よ》く風**和**《やわら》ぎ　梅は鏡前《きょうぜん》の粉《こ》を披《ひら》き　蘭は珮後《はいご》の香《こう》を薫《かおら》す」

と、梅の開花と春の訪れを喜んだものだ。この歌から取った「令和」には、人々が心を寄せ合って文化を育てていく、という意味が込められている。

過去には**天平勝宝**《てんぴょうしょうほう》（749～757年）や**神護景雲**《じんごけいうん》（767～770年）など、4文字の元号が使われたことも5回ある。しかし現代では漢字2文字が基本だ。ほかにも、過去の元号と重複しない、商品名や企業名に使われていない、書きやすく読みやすい、そしてなにより、日本人の理想を表すものであること……が条件となっている。

元号の選定には専門家があたった。江戸時代までは、高名な儒学者が任ぜられる役職である式部大輔《しきぶのたいふ》や、漢文学や歴史学を教える文章博士《もんじょうはかせ》が担ってきた。

『書経』の編纂に携わったとされる孔子

「令和」を決めるときには、まず国文学や中国古典などを専門とする識者たちが候補をいくつか選定。その後ジャーナリストや作家などによる懇談会や、全閣僚による会議などを経て「令和」に絞ってから、天皇、皇太子に伝えられた。その後、官房長官が国民に発表、新時代の幕が開いた。

49 自宅で行なう神事

祭り、神事とは、宮中や神社だけで行なわれるものではない。それぞれの家の中でも、日本人はずっと神に祈ってきた。

では家のどこで祈るのかといえば、**神棚**である。神社を模した小さな祭壇だ。もちろん社であるからには、神が宿る場所である。ご祭神は一般的に、天照大御神もしくは地域の氏神、あるいはほかに信奉している神社の神だろう。それぞれのお神札《ふだ》を神棚に飾るのだ。だから神棚は「札宮」とも呼ばれる。

神棚の歴史は意外と浅い。**一般的に浸透しはじめたのは江戸年間のこと**なのだ。戦国の世が終わり、平和になって街道筋の整備も進むと、旅行がさかんになった。とりわけ庶民に人気だったのは、お伊勢参り（↓P70）である。参拝者を案内したのは「御師」と呼ばれる人々だ。彼ら御師はまた、日本全国の津々浦々に足を運び、伊勢神宮の神聖さ、歴史、そして祭神であり太陽神にたとえられる天照大御神への信仰を説いて回った。こ

幕末の「ええじゃないか」を描いた浮世絵。
農村に降り注いだ伊勢神宮のお神札に民衆は狂喜乱舞し、その熱気が
全国に広まっていったとされる（「豊饒御蔭参之図」歌川芳幾、1867 年）

のとき、天照大御神のお神札も配っていたのだ。また実際に伊勢神宮を参拝した人は「本場」でお神札をもらってきており、大切にしていた。こうして**伊勢信仰がさかんになったことで、御師は各家庭内に神棚をつくり、そこにお神札を収めて、日々祈るよう勧めたのである。**それぞれの神社でも独自の神札はあるが、天照大御神のものがとくに多いのは、こんな理由からなのだ。

神棚を設けるのは座敷が一般的だ。いまで言うリビングルームだろうか。清浄とされる高い場所がいい。向きは東あるいは南向きだ。これは稲作の恵みをもたらしてくれる太陽の光に感謝するという意味が込められている。なお住宅事情によって神棚の設置が難しいときは、例えばタンスの上や、ロッカーの中な

家庭用の神棚。「天照皇大神宮」のお神札が置かれている

ど、部屋を見渡せる場所であれば良いとされる。常に清潔を保っておくことは必要だ。

神聖なる鏡を配した小さな社殿の左右には榊が並び、注連縄も飾られたこの神棚で、私たち一般人も神事を行なうのである。日供祭（↓P112）だ。**毎朝、顔や手を洗って身を清めたら、神饌を捧げる。**とはいえ、米や塩、水くらいで十分だ。**そして一日の安寧を祈る。**祝詞を唱えると本格的だ。

神棚は小さくても「神域」である。清浄をなにより重視する。なるべく毎日掃除をして、埃などで汚れないようにしたい。

お神札は毎年、新しくする慣わしだ。一年の穢れを受け止め、浄化してくれたことに感謝をして、新しいものに交換しよう。年末になると神社から配られることもあるし、そうでないなら神社に参拝に出かけていただいてくる。注連縄も同様に交換したほうがいいとされる。

古いものは捨てるのではなく、神社でお焚き上げをしてもらおう。また各神社や地域で行なわれる「左義長」や「どんど焼き」といった火祭りでも、古くなったお神札やお守りをくべて燃やす風習がある。お神札は一年の役目を終えて、煙とともに空に還っていくのだ。

こうして新しい一年を、新しい朝を神棚に向かって祈る。ふしぎと落ち着き、晴れやかになるものだ。日供祭が毎朝の習慣になれば「よし、今日もがんばろう」と前向きな気持ちになれる。心のスイッチになってくれるのだ。日々の生活のリズムをつくることができる。それが神棚の、なによりの「ご利益」かもしれない。

50 家庭を見守るさまざまな神様

あらゆるものに神が宿ると考えるのが、日本人の考え方である。八百万の神々は世にあまねく存在し、私たちの暮らしを見守っている。だから家の中にも、神はいるのだ。神棚に祀られた神はその代表ともいえるだろう。

我が家と外界を隔てる境界でもある門を守っているのは、天石門別神《あまのいわとわけのかみ》だ。家の中に穢れや災厄が忍び込むのを防いでくれるのだという。この神は、たびたび紹介してきた天岩戸伝説がもとになっている。天照大御神が隠れてしまった天岩戸という洞窟を閉ざしていた扉を、神格化したものなのだ。

家庭の日々の食事をつくる台所にも神は宿る。**竈《かまど》神**や、**火の神**だ。東北地方をはじめとする東日本ではオカマさまともよばれ、お神札や小さな神棚を竈のそばに祀る習慣があった。ときには竈を掃除し、穢れも祓う神事も行なった。やはり東北では、竈のそばの柱にひょっとこの面を飾って「カマ男」と呼び、親しむところもあったという。

天石門別神を祀る京都・天岩戸神社。右上が社殿、左の岩が神が降臨したとされる御座石。ちなみに社殿への参拝には傍にある鎖を使って登ることになる

ちなみにひょっとこは「火男」がなまったものだという説もある。火男とは、竈の火を竹筒で吹いて、火を絶やさずに燃えさからせる役目のことだ。だからいまでも祭りなどで売られるひょっとこの面は、なにかを吹いているような口元をしているのである。

竈神は、西日本では**荒神《こうじん》さま**と呼ばれることもある。これは仏教の三宝荒神《さんぽうこうじん》のことだ。穢れを祓い、不浄を取りのぞく神であり、やはり火と竈を司る。仏教が日本にやってきて神道と交じり合っていった結果のひとつであるといえるだろう。

家の中をきれいにする道具である箒にもまた、神が宿る。物理的な汚れだけで

古民家の大黒柱。柱には大黒天が宿り、一家を守ってくれると考えられた

なく、穢れをも祓ってくれると考えたからだ。そしてこの**箒神**は、家庭で新しい命を授かるときにも欠かせなかった。赤ん坊をお腹から出すことと、箒の掃き出す機能とが、重ね合わさったのだ。妊婦が産気づいて出産がはじまったら、部屋に逆さにした箒を立てかけると安産だという言い伝えもある。箒のたもとに御神酒を供えて母子の無事を祈る地方もあるという。新品の箒で妊婦のお腹をなでることも安産祈願だ。

そして子供が生まれて7日目に、トイレに連れていく風習があった。**雪隠《せっちん》参り**というものだ。関東地方や東北地方など東日本の各地に見られる。新しい家族を引き合わせるのは厠神、いわば「トイレの神さま」だ。だからトイレにやはり小さな神棚をつくったり、花を供えたりしたのだ。

また中国の影響を受けて、七福神の一神・弁財天がトイレを司るとも伝えられる。絶世の美女である弁財天は、音楽をはじめ芸事の神でもあるが、トイレも見守っているのだとか。だからトイレをきれいに保っていると、美しくなれるとも言われている。

同じように七福神の一神・**大黒天**も家庭に宿る。なにを守っているかといえば、もちろん大黒柱だ。日本の木造伝統家屋を建造するときに中心となる太い柱のことで、転じて一家の主人を指す言葉でもある。神仏習合がはじまった時代、この柱のそばに大黒天の像を置いて祀ったことから、大黒柱と呼ばれるようになったのだとか。

こうして八百万の神が家を見守る一方、仏壇だって安置されているのが日本の家庭なのである。日本人は、神も仏も、そのどちらも生活の中に柔軟に取り入れていったのだ。

第三章　日常の中に残る神事の秘密

51 鉄道の発達によって生まれた新しい神事とは?

1年のうちで最も大きな、そして一般の人々も広く参加する神事……それが**初詣**ではないだろうか。大晦日の夜ともなれば、有名な寺社の周辺は初詣客で大混雑となる。家族や親しい人たちと出かけて、新しい年がいい1年であるようにと祈るのだ。初詣客がもっとも多い東京の明治神宮は約320万人。全国ではおよそ9000万人がどこかの寺社で初詣をすると見られ、いまや年末年始のビッグイベントとなっている。

しかし正月に寺社に参拝するという習慣は、実は近代になって生まれたもの。**「初詣」という言葉自体が、明治時代になってからつくられたものなのだ。**

かつて年明けにあたっての儀式といえば、「年籠《としごも》り」のことだった。一家の家長が、氏神が祀られている地域の神社に、大晦日から籠もるのだ。家を代表して先祖の霊を思い、1年の穢れを祓って、新年を迎える。

それが明治に入り、国家神道による国づくりがはじまると、新政府は神社への参拝を広く奨励するようになった。家長だけではなく、役所や学校、会社などの単位で、新年に神社を参拝することも行なわれる。拍車をかけたのは鉄道路線の急速な発達だった。

大師電気鉄道（京浜電気鉄道）の広告。右から明治45年、大正２年、大正15年の元日初詣に向けたもの（『初詣の社会史』より引用）

交通インフラの整備によって、遠方の寺社も訪れやすくなる。住んでいる地域の神社のほかにも、全国的に知られた有名寺社へ、旅行を兼ねて参詣することがブームになっていくのだ。

そして**鉄道も、参拝客をあてこんだ路線を敷設していった**。関東ではじめての営業用電車は、神奈川県の川崎の大師電気鉄道だ。現在の京急大師線である。いま３００万人超の初詣客を集めている、川崎大師への「参詣電鉄」としてつくられたものだ。同じく３００万人以上の初詣客で賑わう千葉県の成田山新勝寺へ向かうためにつくられたのは、成田鉄道である。こうした路線が全国に広がり、初詣という習慣が日本人に浸透していったのだ。

52 節分の豆まきも神事だった

2月の風物詩、節分の豆まきもまた神事にルーツがある。

もともとは大晦日に、宮中で1年の厄と穢れを祓い清める神事を行なっていたのだ。それが**追儺《ついな》**や、**鬼やらい**だ。平安時代に中国から伝わったもので、鬼の面をかぶった人をたいまつや弓矢でもって追いたてるという儀式だった。

鬼とはもちろん、伝説上の妖怪の類だが、疫病や災害、死など、人の世に降りかかる災いの象徴だ。その鬼を追いまわすことで、厄祓いとしたのだ。寒さが厳しくなってくる季節だから、風邪などの病気に注意して過ごそう、という意味もあったようだ。そして室町時代あたりから、鬼には豆を投げつけるように変化していく。

豆にもいろいろあるが、おもに大豆が使われた。大豆は日本人の血肉を作ってきた食材だ。醤油、味噌、豆腐、納豆……さまざまな形で日本人は大豆を利用して生きてきたのだ。だから特別な力があると考えた。鬼を、災いを浄化すると信じたのだ。ときに豆

大正時代の奈良・法隆寺の追儺（『奈良の年中行事』1919 年）

には**「魔滅」**の字があてられた。発した言葉が現実となるという「言霊」を大切にした日本人らしく、魔を滅ぼす力を大豆に求めたのだ。

こうして現在の豆まきにつながっていく。新暦になったいまでは、大晦日ではなく2月3日に行なわれるようになった。そしてこの時期、昔ながらの豆まきをモチーフにした神事を行なう神社もある。

東京・増上寺の節分追儺式では、芸能人や力士による豆まきが名物となっている。やはり東京の日枝神社でも節分追儺式となり、豆をまいて邪気を祓う。日本各地の神社で同様の神事が行なわれており、参加や見学もできる。平安から続く神事を見る、いい機会なのだ。

53 山の神を迎える神事がお花見のルーツ

日本の花といえば、やはり桜ではないだろうか。その幻想的な淡い色合い、春の訪れの象徴ともいえる薄紅、そしてなにより、わずかな間だけ咲き誇って、すぐに散り去ってしまう儚さ……。そこに日本人は神を見たのだ。

桜が咲くのは厳しい冬が終わり、ようやく空気がぬるみはじめようという頃。つまり農作業の開始を意味する。だから人々はこの季節になると、里から山に登ったのだ。列島の津々浦々に桜が植林されるようになったのは近代以降で、**それまでは山桜が主流だったからだ。**

束の間、可憐な花を咲かせる桜の木の下で、里からやってきた人々は宴席を張った。酒をいただき、ささやかな料理を楽しんだのだ。これは神を迎える行為だった。**冬の間、山に籠もっていた神は、春になると里に降り、田畑をめぐり、村を守ってくれると考えられてきた。**今年も収穫に恵まれるように、平穏であるようにと、宴をしながら桜を見

花見をする女性たち（「千代田大奥 御花見」（部分）、楊洲周延・画、1894 年）

上げたのだ。

奈良時代に編纂された地誌『風土記《ふどき》』のうち『常陸国風土記』や『播磨国風土記』『出雲国風土記』には、花見らしき風景が記載されている。太古から連綿と続けられてきた季節の神事なのだ。江戸時代に入ると、幕府は河川敷や公園などを整備し、桜の植林をはじめる。山に行かずとも花見が楽しめるようになったのだ。

なお桜とは「サ」のいる「クラ」という意味だ。サとは、山の神や田の神である「サ神」のことを表す。クラは座《くら》だ。**桜とはつまり神の宿る木なのだ。**すっかりどんちゃん騒ぎのイベントとなった花見のときに、ほんの一瞬でも、先祖が桜に込めた気持ちに、思いを馳せてみてはどうだろうか。

54 農村の風習からはじまった節句

飛鳥時代から宮中では、**季節の節目となる日に家臣の貴族たちを集め、天皇とともに祝宴をするしきたりがあった。節句**である。かつては「節供」と書いたらしい。天皇から賜り、「供」された膳のことを言う。年間を通じてさまざまな節句があったが、とくに大事にされたのは「五節句」だ。

まず1月7日は、**人日《じんじつ》の節句**である。新しい年を迎えて、無病息災を祈る日となっている。いまでは七草粥を食べる風習で知られている。セリ、ナズナ、ゴギョウ、ハコベラ、ホトケノザ、スズナ、スズシロの7つの薬草は、どれも冬がまだ明け切らない寒い季節に芽吹く。そのたくましい姿に、日本人は生命力の象徴を見て、粥にして取り込もうとしたのだ。七草粥は平安時代中期の随筆集『枕草子』にも描かれている。かの清少納言も1000年前に七草粥を食べたのだろうか。現在ではぜいたくな正月料理を食べて疲れた胃腸を休めるため……ともいわれる。

七草粥のために「若菜摘み」を行なう人々（『都林泉名勝圖會』秋里籬島、1799 年）

3月3日は**上巳《じょうし》の節句**だ。この日に、農村の人々は仕事の手を休めて川や山でゆったりと過ごし、水を浴びて穢れを落としたという。それから神祀りの宴を開き、清めた身体で今年も新しくはじまる稲作に向かおうとしたのだ。また地方によっては、穢れを紙でつくった人型の人形にうつし、それをやはり川や海に流していた。こうしてお祓いとしたのだ。その人形が少しずつ工芸品として発達していったものこそ、ひな人形なのである。

5月5日の**端午《たんご》の節句**は、旧暦ではちょうど梅雨がはじまろうという時期である。この季節になると人々は田の神に、雨の恵みと豊作とを祈ったのだ。その神事のための禊だとも、あるいは衛生状態の悪くなる

「九月　菊花節句」を祝う人々の様子。右ページには下にある菊に目をやる人物が、左ページ上部には菊の花とお酒を楽しむ様子が描かれている（『天和長久四季あそび』）

梅雨を前に清潔を保つために入ったともいわれるのが、菖蒲湯である。菖蒲の花を魔よけとして飾ったりもした。やがて武士の世になると「菖蒲」と「勝負」をかけて、武家の男の子の立身出世を願う行事になっていく。

7月7日の**七夕の節句**は、お盆を前にして、あの世から帰ってくる先祖のために服を仕立てるという風習から来ている。機織り機で布を織り、神に奉納する神事だったのだ。作業にあたる女たちのことを棚機女《たなばたつめ》と呼んだのである。

9月9日は**重陽《ちょうよう》の節句**だ。収穫祭に合わせて、この季節に咲き誇る菊を愛で、菊の花を浮かべた酒を飲んだのだという。

この五節句は、中国の文化や仏教の伝来を受けて変化していく。上巳や端午といった呼び方そのものが、中国の暦である干支によるものだ。

上巳の節句は桃が邪気を祓うという中国の考え方によって「桃の節句」とも言われるようになる。端午の節句も中国の「登竜門伝説」と混じっていく。鯉が激流をさかのぼり、滝を登って龍になったという伝説に、江戸時代の武士は子供の出世を願ったのだ。鯉のぼりが発案され、いまに至っている。織姫と彦星の悲運のエピソードも中国発祥で、日本にも伝わり七夕と合わさっていった。

江戸時代には、五節句は幕府の公式な行事にもなった。そして現在、それぞれの節句のときには、全国の神社で神事が行なわれる。七草粥を奉納するもの、雛流しにあやかるもの、菊の花を供えて無病息災を祈るもの……地域によってさまざまなので、近くの神社を見てみるといいだろう。

55 川開き、山開きに込められた意味

初夏の風物詩ともなっている川開きや山開きもまた、神事のひとつである。夏の暑さがそろそろ厳しくなろうという時期、春からはじまった農作業の手を、人々は休めた。

季節の変わり目にあたって、穢れを祓う儀式を行なったのである。水害や、疫病が発生しやすい夏場を前にして、**水の神に平穏な日々を祈った。**その舞台こそ水辺、村を流れる川のほとりだったのだといわれる。**水の神を祀る神事が行なわれるまでは、聖地である川辺には近づいてはならない……というしきたりがあった**ようだ。それも儀式が済めば解禁され、涼やかな川の流れで涼を取ることができる。ここに川開きのルーツがある。

また、過去の水難者を祀るために、川に灯籠を流すこともあった。その風習から花火を打ち上げはじめ、盛大な祭りへと発展していった場所が、江戸・両国だ。隅田川花火大会の源流である。各地方でも水神にちなんだ祭りが増えていき、やがて観光化されて現代に至っている。

一方の山開きは「雪もすっかり溶けて安全に登山できるようになった頃」を示すものと勘違いされている向きもあるが、実際はだいぶ違う。かつて山は神の住む場所と信じられ、神社のご神体そのものとされるなど、崇拝の対象だった。日本古来のこうした神道と、仏教の思想が結びつき、山を修行の場とする山岳信仰が広まっていく。**山に登ることは、お祓いを受けた修行者だけに許された行為だった**のだ。しかし江戸時代に入ると、修行者が祈りを捧げた山頂の祠や神社に参拝したいという動きが庶民層にも出てくる。これを受けて夏の一定期間だけ、誰でも登山できるように計らうようになっていったのだ。**その初日が山開きであり、神事が行なわれた。**

やはり祭りで賑わうようになっていく山開きにならったものが海開きで、こちらは近年にはじまったばかりだ。

両国の花火（現在の隅田川花火大会）
（「東京名所三十六戯撰」昇齋一景、1872 年）

56 四季を表す言葉にも神道の影響がある

四季折々、花鳥風月を愛でる気持ちに、日本人の信仰心の源はある。季節の移り変わりとともに、鮮やかに変化を見せる山や森や川や空に、日本人は神を見出したのだ。神道を生んだこの列島の四季。

芽吹きのときである「春」は、**草木の根や芽が「張る」**ことに由来があるといわれる。長い冬が終わり、ようやく「晴れる」ことから転じたという説もある。また田畑を耕すことを「墾《は》る」ともいうが、ここに語源を求める学者もいる。いずれにせよ、新しい命を想像させる、まさに春らしい空気が感じられる。

「夏」は、**「暑い＝あつ」「熱＝ねつ」**が語源だという説がある。また夏の神事である夏《な》越《ごし》の祓（↓P218）では、人形を撫でたり息を吹きかけたりして自らの穢れをうつし、川に流す風習がある。このため人形のことを撫物ともいうらしい。「撫づ＝なづ」という動詞の派生だが、ここにルーツがあると民俗学者の折口信夫はいう。

春の芽生え（©Chiyo Fushi）

収穫の季節である「秋」という言葉は、稲の実りに由来している。**「飽き＝あき」るほどに食べられる、**という説がひとつ。これは「同じものばかりで、いやになる」という意味ではない。「おなかいっぱいに食べ、満ち足りる」という意味も持っているのである。収穫物を「商＝あき」ない潤うことがもとだという説もあれば、稲穂が実って「赤＝あか」くなることが語源という説もある。

「冬」はやはり、寒さからきているようだ。あまりの寒さに**「震える＝ふゆ」**、空気も身体も「冷える＝ひゆ」、寒さが猛威を「振るう＝ふゆ」など諸説ある。

どれも季節感を豊かに表現していると思うのだ。毎年の激しい気候の変動は、ときに試練ともなる。しかしそんな厳しさも含めて、日本人は四季を大切に思い、いまも生きている。

57 子供の成長を願うさまざまな神事

医療の発達していなかった時代、まだ抵抗力の弱い幼い命は、ちょっとした怪我や病気であっけなく他界してしまった。成長する前に亡くなってしまう子の、なんと多かったことか。だから親たちは、**わが子の無事を祈るために、神のもとを訪れた**のだ。神事を受けて、神の力を授かり、子供を災厄から守りたい……。

そんな親の思いは、時代が移り変わったいまでも同じだ。子供が育っていく節々に、神社に赴いて、神事を行なう。親子で人生を歩いていくためにも、大切な行事といえるだろう。

まだ赤ちゃんがお腹の中にいるときから、神事ははじまる。妊娠5か月目の戌《いぬ》の日には**「帯祝い」**をするしきたりだ。神社に参拝し、妊婦は神職にお祓いをしてもらった帯をお腹に巻く。そして神前にて安産を祈るのだ。この帯は木綿でつくられており「岩田帯」と呼ばれる。その語源は「斎肌《いはだ》帯」だという。穢れを祓い、災いから守ってくれる帯という意味だ。さらに「岩のように強くたくましく」という願いも込められて「岩田帯」へと転化していく。

妊娠5か月目は、安定期に入り、お腹のふくらみがよくわかるようになってくる時期。赤ちゃんもどんどん成長する。妊婦は腰の負担もきつくなってくる。そんな母子を守るために帯を巻くのだとか。また戌の日に行なう理由は、犬はお産が軽いからだ。安産の犬にあやかっているのである。地域によっては岩田帯に「犬」の字を書いてお腹に巻くという。

岩田帯を締める妊婦
（『大百科事典第２巻』平凡社、1936 年）

帯祝いは、太古から続いている儀式でもある。赤ちゃんの魂を安定させるためだったそうだ。呪術的なしきたりなのである。

そして『古事記』にも伝えられている。わが子を身ごもった

新羅に遠征する神功皇后を描いた絵。この角度では残念ながら
お腹の膨らみはわからない（「日本史略図会 第十五代神功皇后」月岡芳年）

まま新羅討伐に出征した神功皇后は、戦場で産気づいてしまうのだ。そこで帯を巻いて鎮め、なおも陣頭指揮を続けたのだという。戦勝後、帰国を果たした神功皇后は、無事に出産している。その子がのちの応神天皇だ。

　そんな伝説はいつしか神事となり、宮中に受け継がれてきた。帯祝いと同じように、皇室でもやはり妊娠5か月目の戌の日に**「着帯の儀」**があるのだ。宮中三殿で清められた帯を巻き、成長を祈る。これは仮の儀式となり、妊娠9か月目の戌の日が正式な着帯の儀だ。宮中三殿で潔斎をし、神饌を供え、祝詞を唱え……と、まさに神事として執り行なわれる。宮中祭祀のひとつでもある。民間も宮中も、子を思う気持ちは同じなのだ。

出産後3日目には**産湯**につかるしきたりだ。産湯とは、その土地を守る「産土神《うぶすながみ》」から授かる湯という意味がある。産まれたばかりの身体を清め、見守ってくれるといわれる。産湯には塩や御神酒を入れると強く育つそうだ。

出産後7日目は**「お七夜」**で、子供の名前をつけるお祝いだ。名前を書いた紙を神棚や床の間に飾って、家の中にいるさまざまな神（↓Ｐ１５２）にお目通しする儀式といえる。

一方、地域の氏神にあいさつする神事が**お宮参り**だ。一般的に男子が生後31日目、女子が33日目に行なう。地元の神社に参拝し、お祓いを受けて、健やかな成長を祈る。

日本人はことあるごとに神社に出向き、神事を通じて子供を育んできたのだ。

58 神事としての結婚式

神社で執り行なわれる結婚式、いわゆる神前結婚式も神事のひとつだ。しかし**その歴史は意外に浅く、民間に広まったのは明治以降のこと**。それまでは各家庭の、床の間のある座敷でささやかに行なわれるにすぎなかった。武家や宮中などをのぞいては、華やかな結婚式を挙げることは稀だったのだ。

大きく変わったのは明治33（1900）年。のちの大正天皇と貞明《ていめい》皇后の結婚式が宮中三殿の賢所で行なわれ、その様子は一般にも報道された。古式ゆかしい衣装に身を包み、神の前で御神酒をいただいて婚儀を固める姿に、日本人は深い感銘を受けた。同じような式を挙げたい、という需要が高まったのだ。神社のほうはこれを受けて、同年に**大正天皇の式をもとにした模擬の神前式を公開したところ、大評判となる**。舞台となったのは、現在の東京大神宮だ。これを機に神社での結婚式が広がっていった。

式次第は神事そのものである。修祓から神饌のお供え、神職による祝詞の奏上と続く。

その後は**三々九度の儀（三献の儀）**だ。巫女が運んでくるのは、大、中、小と、3つの大きさの盃に注がれた御神酒。まず小さい盃を、新郎→新婦→新郎の順で少しずつ飲み、空ける。次に中盃を、今度は新婦→新郎→新婦の順で飲み干す。最後に大きな盃を、新郎→新婦→新郎と飲んでいく。3つの盃に入った御神酒を、3度にわけて計9回で飲うことから「三々九度」と呼ばれるのだ（ただし現在では、飲む順番や回数などは地域や神社によって異なる）。御神酒をともに飲む行為は「神人共食（→P42）」でもあり、両家の強い結びつきを願うものでもある。

三々九度の儀

それから新郎新婦による**誓詞奏上**《せいしそうじょう》となる。新郎が夫婦の誓いを神前に立て、新しい家庭の誕生を奉告するのだ。そして雅楽が演奏され巫女が舞い、新郎新婦が玉串を捧げる。さらに両家の親族が御神酒を酌み交わす。最後に神饌を下げ、神前に向かって一礼をして、式は終わる。

神社の清浄な空気の中、白無垢をまとって神前に誓う。日本ならではの結婚式なのだ。

59 非常に珍しい神道式の葬儀

全日本冠婚葬祭互助協会によれば、現在の日本で行なわれている葬儀の実に88％が仏教式だ。**神道式はわずか2・8％にすぎない。**その理由は江戸時代にある。

江戸幕府は「寺請《てらうけ》制度」を整備し、広めていった。すべての人はどこかの寺院に所属して檀家となり、証明書を発行してもらわなくてはならない、としたのだ。この「寺請証文」は結婚や旅行、引越しなどのときに必要な身分証明書でもあった。いまでいう戸籍や住民票のようなものともいえるだろう。キリスト教を排除し、いわゆる「隠れキリシタン」をあぶりだすことが目的だった。

だから葬儀などの法事も、寺請けしている寺院で行なうものだった。江戸３００年の間に、その習慣はすっかり定着したのだ。明治時代に入り廃仏毀釈（↓P74）の流れが進み、神道式の葬儀も増えてはいったが、やはりいまも圧倒的に多いのは仏式だ。

加えて**神道は「死」を穢れとして避けてきた経緯がある。**不浄なものであるから、神

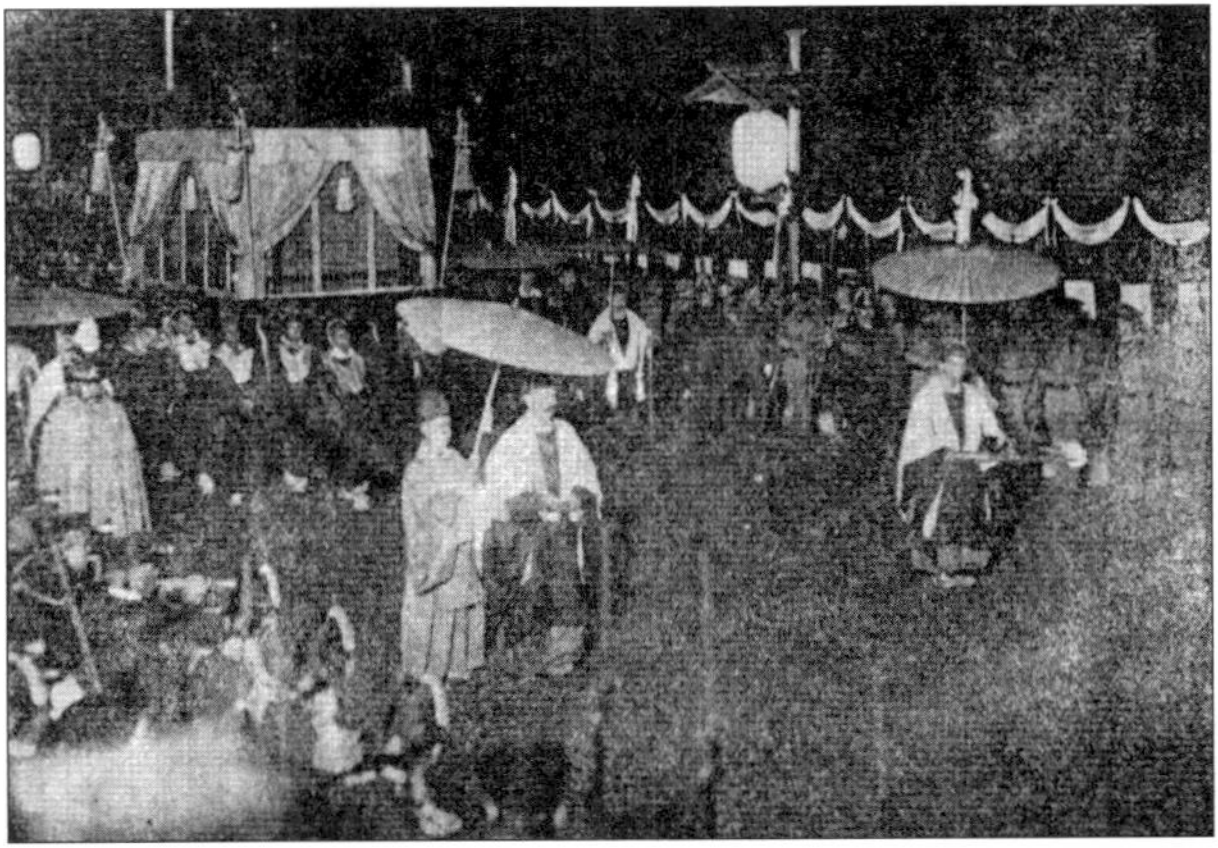

明治天皇の葬儀「大喪の礼」。現在の皇室典範の規定により、「大喪の礼」は国事行為にあたるため特定の宗教に則らない形で行なわれる。代わりに皇室の儀式として「大喪儀」があり、こちらは神道に則った葬儀の形式で執り行なわれる

社での葬儀はもちろん、死者が鳥居をくぐることもタブーとされてきた。

しかし近年は、神道への注目が高まっていることを受け、神社のほうも死者の穢れを祓い、故人と遺族とを慰めることも神道の大切な役割であると考えるようになった。また仏式に比べるとシンプルで、費用も抑えられることもあり、神道式の葬儀＝神葬祭を選ぶ人が少しずつ多くなってきている。とはいえ行なうのは聖域、神域である神社ではない。故人の自宅や、葬儀場だ。

家族が亡くなったら、まず神棚に伝えることからはじまる。**帰《き》幽《ゆう》奉《ほう》告《こく》**と呼ばれる。このとき、神棚の戸は

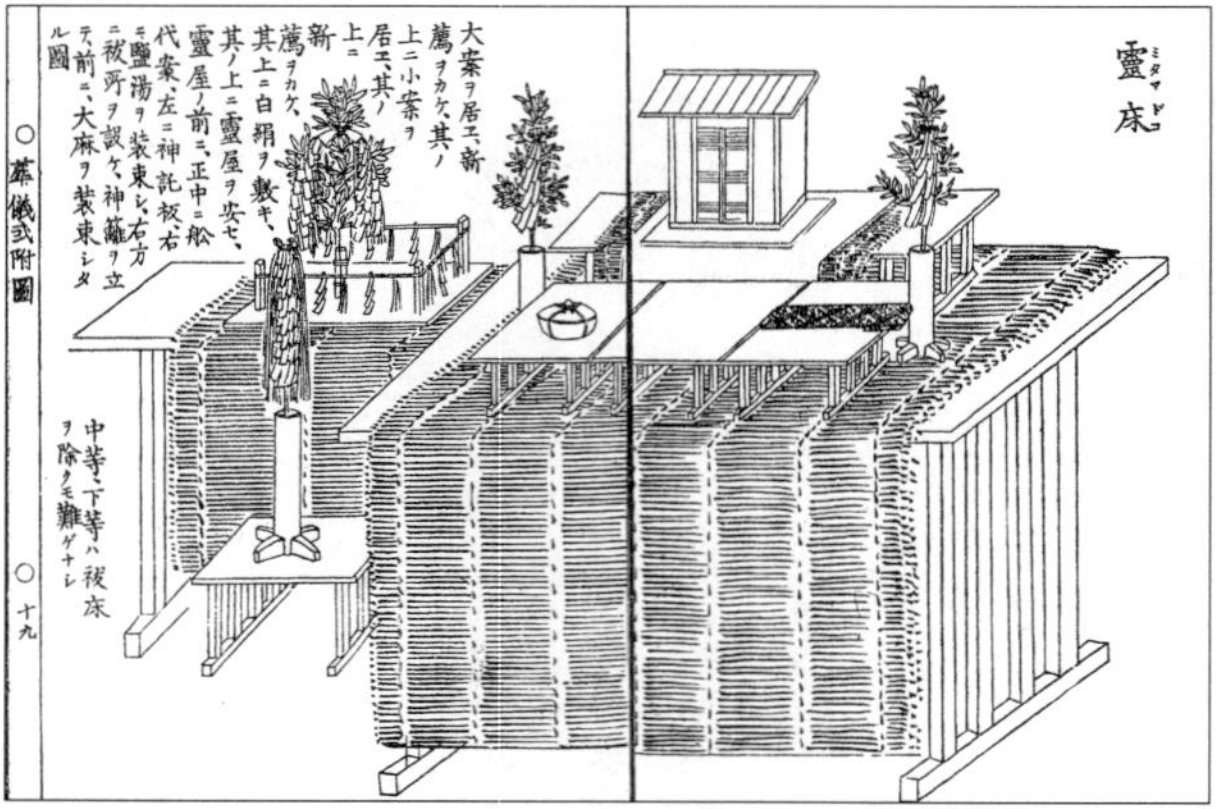

「遷霊祭」の後、故人の霊が祀られる「霊床（みたまどこ）」。「祖霊舎」とも。
霊璽は奥の扉の中に祀られている（『葬儀式 付図』神道本局、1887年）

白い紙で封じなくてはならない。死の穢れを避けるためだ。そして故人は北枕にして、白い布で顔を覆う。この際、枕もとには悪霊から死者を守るための小刀を置いたり、祭壇をつくって米や酒、塩、水、故人の好きだったものなどを供える場合もある。そして遺体は棺に収められる。

ここからは神職の出番となる。仏式の通夜にあたる通夜祭となり、祝詞が奏上され、遺族は玉串を捧げて、故人を思い祈るのだ。そして**遷霊祭**《せんれいさい》となる。これは白木でつくられた霊璽《れいじ》という依り代に、故人の霊をうつす神事だ。仏教でいう位牌にあたるものといえる。神職は夜を徹して、ときに神を呼ぶ警蹕の声を低く上げながら、霊魂を霊璽へと宿らせていく。

そして葬場祭《そうじょうさい》には、家族以外の参列者も集まり、故人を偲ぶ。弔辞や弔電が読まれ、やはり祝詞が奏上される。続く出棺、火葬、さらに埋葬と、ひとつひとつの儀式には祝詞と玉串が供えられる。最後に神職が遺族をお祓いして、直会（↓P42）となる。常に神の言葉とともに、故人を送るのだ。

こうした式次第は、形式的に定められているわけではない。地域によって、神社や神職によってもまちまちだ。しかし、その根底に流れているのは、故人への思いであり、祖先に対する気持ちだ。仏式の葬儀は、亡くなって仏となった故人を極楽浄土に送る儀式だが、神葬祭は異なる。魂となった故人に家に留まってもらい、家族を見守る神になってもらうという儀式なのだ。だから帰宅後は、神棚とは別に祖霊舎をつくり、霊璽を安置して祀るのだ。故人はいつでも、そこにいる。

60 土地の神に祈りを捧げる地鎮祭

自宅を新築するときに、地鎮祭《じちんさい》をした人も多いことだろう。これもまた神事なのである。**土地の神に、工事の安全や、建築後の平穏を祈り、土地の使用を許してもらうというもの**だ。「とこしずめのまつり」とも言う。

「とこ」は「所」の意であり「地」のことだ。その地に宿る神を鎮める……すなわち、神にこの地に留まり治めていただき、守っていただく。そのための挨拶ともいえる儀式が地鎮祭なのだ。

執り行なうのはおもに地域の神社の神職だ。参加するのは家主のほか、建設業者や設計業者だ。

まずは神社と同じように、地鎮祭をする場所を神域としなくてはならない。これから着工する土地の中央に青竹を4本立て、これが四隅になるように注連縄をめぐらせる。こうして俗界と区切ったら、中央部には祭壇がつくられるのだ。神社での神事と同

地鎮祭の祭壇。右下に「忌砂」が盛られている

様、酒や水、米などの神饌を置くための台となる。

そして祭壇の最上部には、榊の枝に紙垂《しで》（→Ｐ１９３）や麻などを取りつけて飾る。神籬《ひもろぎ》だ。儀式の間、ここに神を降ろすのである。

その後はまさに神事の式次第。修祓にはじまり、警蹕《けいひつ》の声を上げて神を呼ぶ。神が神籬に宿ったら、神饌を捧げる。そして祝詞を奏上して祈るのだ。

ここからは地鎮祭独特だ。円錐形に盛り上げられた**「忌砂《いみすな》」**に向かい、「忌鎌」という模造の鎌で、草刈りの仕草をする。これを**「刈初《かりぞめ》の儀」**という。神に対して工事の開始を告げるものだ。次は**「穿初《うがちぞめ》の儀」**となる。忌鋤《いみすき》を忌砂に3度、突き立てる仕草

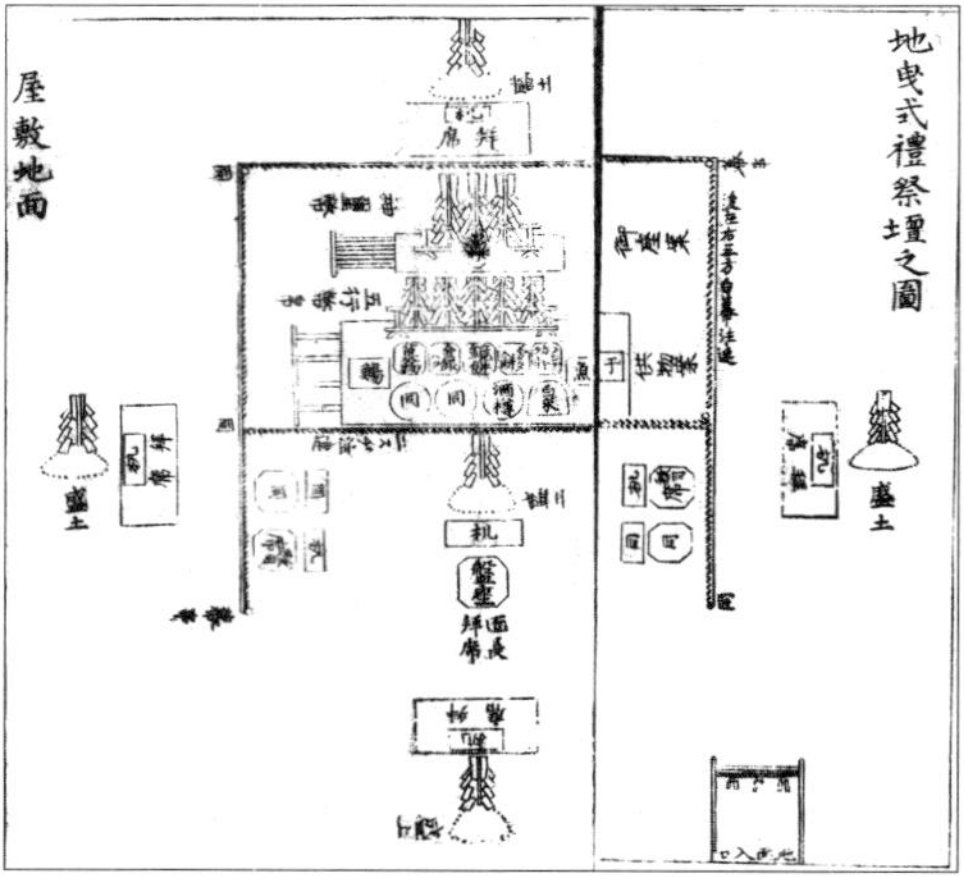

江戸時代の地鎮祭における祭壇の飾りつけ。祭壇の前だけでなく四方を囲うように盛土があり、供え物には餅、金銀箔、昆布、干魚、スルメ、果物などが挙げられている（『匠家故實録：棟上釿始諸式禮格（上）』1808年）

をする。最後に忌鍬《いみくわ》で忌砂をならす仕草をするが、これを**「土均《つちならし》」**という。

「忌」はたびたび紹介してきたとおり「清浄」の意味も持っている。「忌火」（→P103）と同じだ。だから「心身を清めて神を祀る」ということを示す「斎《いみ》」をつけて「斎鎌」「斎鍬」「斎鋤」とも呼ばれる。神から授かった土地に手を入れる際に使うべき、神聖な道具なのである。

こうして実際に土に鍬《くわ》や鋤《すき》を入れる仕草そのものが神事となっているが、これは「アエノコト」（→P88）や「おんだ祭り」（→P95）などにも酷似している。農作や家の建築など、土を使うことそのものに感謝をしてきた日本人の考えが伝わってくるようだ。

それから参加者ひとりひとりが神に玉串を捧げる。神饌を下げて、再び警蹕の声を上げると、神は帰っていく。

最後に、やはり神社での神事と同じく、**直会**となる。とはいえ、たいてい現場はこれから工事となる更地だろう。それに周囲は住宅街かもしれない。だからじっくり飲食するのではなく、略式だ。神饌の中から、御神酒だけを一座でいただくのだ。

御神酒や水、塩は、土地の四方に撒いて、工事の無事を祈願する。**鎮物埋納《しずめものまいのう》の儀**である。これをもって、地鎮祭は終了となる。

地鎮祭は一般の住宅を建てるときだけでなく、巨大なビルや公共施設など、さまざまな工事の現場でも行なわれる。最近技術を駆使した大手ゼネコンの施工時でも同様だ。どんなオフィスビルでもタワーマンションでも、まず土地の神に祈りを捧げることからはじまる。それが日本人なのである。

61 新車を納入するときにもお祓いをする？

日本人は不思議な民族である。古来の伝統に現代の色を加えてさまざまに解釈し、時代に応じたスタイルへと変化させていく。お祓いもそのひとつだろう。いまでは銅像や記念碑などの除幕式、トンネルや橋などの開通式といったオープニングセレモニーも、神職が執り行なうことがある。**お祓いをし、安全を祈願する、立派な神事なのである。**

そして新車やオートバイを納入したときにも、やはりお祓いをする人は多い。

これは交通事故に遭わないよう神に祈りを捧げ、運転者を祓い清める儀式。また新しいものを生活の中に迎え入れるにあたって、魂を込める意味もあるのだとか。

神社によっては、特別に境内の中の拝殿のあたりまで車を乗り入れ、そこでお祓いをする。ナンバープレートや車検証まで祓ってくれるところもあるようだ。さらに巫女が車のために神楽を舞ってくれる神社も。神事のあとはお守りや神札をいただき、それを車内に飾ることで守り神とする。

交通安全祈願のお祓いをする様子（大阪・大鳥大社）。神社によっては「車修祓所」として交通安全のお祓いをする専用のスペースを設けているところもある

ことさら法人の場合はお祓いをする傾向が強いのだという。運送関係、タクシーが中心だ。社用車をよく運転する人が新年の仕事始めにやってきたりもするという。

また、事故を起こしてしまった人がお祓いを受けに来ることも多い。交通安全にご利益があるとされる神社で行なうと、より効果的なのだとか。

こうしてひとつのイベントとして神前に向かう。すると実際に運転するときにもお祓いを思い浮かべるものなのだ。結果、安全運転につながる。神事はそんなきっかけを与えてくれる。

62 闘牛、闘鶏を神に奉納する

新潟県の長岡市や小千谷市など「二十村郷《にじゅうむらごう》」と呼ばれる地域に伝わる伝統行事が**「牛の角突き」**だ。闘牛の一種である。牛は古代から日本人の生活に根ざしてきた動物だ。食用というよりも、むしろ労働力として暮らしに欠かせない存在だったのだ。田畑を耕し、重いものを運んでくれる力持ち。そんな牛同士を戦わせることを、神事として奉納するようにもなっていく。江戸時代に滝沢馬琴が書いた小説『南総里見八犬伝』にも登場している。

体重1トンにもなる雄牛同士が激しく頭部をぶつけあう様子は大迫力だが、**これはあくまで神事である。だから決着をつけない。**勢子《せこ》と呼ばれる男たちが牛の動きを巧みに止めて、引き分けとするのだ。２００４年の新潟県中越地震で中止となったが、翌年には復活している。国の重要無形民俗文化財である。

闘牛はほかにも日本各地で行なわれているが、最も古いとされるのは島根県・隠岐島

平安末期、神社の境内で行なわれた闘鶏を描いた絵（『年中行事絵巻』３巻）

だ。１２２１年に発生した承久の乱によって島流しとなった後鳥羽《ごとば》上皇を慰めるために、島民がはじめたという。

闘鶏もまた古くから庶民の娯楽でもあり、神事でもあった。平安時代から**「鶏合わせ」**と呼ばれ、宮中でも開かれてきた。『日本書紀』には、「雄略天皇７（４６３）年に雄略天皇が鶏合わせをする」という記述がある。

いまも神事としての闘鶏を行なっているのが、愛知県の津島神社だ。旧暦の３月３日の節句（↓Ｐ１６２）の行事のひとつであり「闘鶏転供《てんく》祭」と呼ばれる。一般の神事と同様に神饌が供えられた後、神職ふたりがそれぞれ雄鶏を抱えてくるのだ。拝殿を前にした摂社八柱社で闘鶏となるが、２羽を向かい合わせて蹴りあう仕草をさせるだけで終わりとなる。鎌倉時代から続いているそうだ。

63 縄文時代から魔除けに使われてきた鈴

最も身近な神事といえば、神社へのお参りだろう。そのとき私たちは、拝殿に向かって手を打ち、礼をし、そして鈴を鳴らす。もう自然な仕草として身についているから疑問にも思わないものだが、あえて考えてみると不思議なのだ。どうして鈴を鳴らすのだろう。

それは**鈴の音が、魔を祓い、人を清めるものであると、古代から考えられてきた**からだ。音楽というものが存在しなかった太古。川や海や風や、木々のざわめきだけが人間のまわりにある「音」だった。そこで誰かが見つけたのだ。クルミだったかもしれない。なにかマメ科の実だったかもしれない。振ってみると、その中からころころとかわいい音がするではないか。神秘的だった。衝撃的ですらあったろう。だから日本人は、そんな実を模して、土を焼いて鈴をつくった。もちろん中に小石や焼いた粘土を入れて、音が出るようにした。そしてファッションとして、原始的なアクセサリーとして身につけ

現代の土鈴

るうちに、災いを避け、身を守ってくれるものだと考えられるようになっていった。埴鈴《はにすず》や土鈴《どれい》と呼ばれる。縄文時代につくられたものが、数多く出土している。狩猟採集の時代から、日本人は鈴を愛でてきたのだ。

だから鈴の音が神を呼ぶと信じられていったことも、自然なことかもしれない。本書でたびたび紹介してきた天岩戸伝説にも登場する。天照大御神をこの世に引き戻すために、天宇受賣命は鈴を手にして踊ったといわれているのだ。

そして原初の祈りが捧げられていた神道の黎明期、巫女は鈴を振って儀式に臨んだ。**その高らかな音を、トランス状態に入るためのトリガーのひとつとしたの**

巫女が持つ神楽鈴（© 久次米一弥）

だ。やがて巫女の身体には神が降り、人々にその言葉を伝えたという。また、加工技術が発達するに従って、金属製の鈴が一般的になっていく。

現代の巫女も、やはり神事のときには鈴を用いる。神楽を舞いながら鈴を振るう。優雅な舞いにリズムをつける「シャン、シャン」という音によって神は招き寄せられ、人は厳粛な気持ちになる。

この巫女の鈴をモチーフにして、拝殿の上部にも取りつけられるようになっていったといわれる。参拝者を祓い清めて、神を呼ぶための音なのだ。

参拝のお土産や、お守りとして鈴が売られているのもやはり共通する意味がある。魔よけの効果を持っているからだ。ひとつ身につけておくといいかもしれない。

なお、鈴は宮中祭祀（↓P98）にも使われる。毎年の元旦、四方拝の後に行なわれる**「お鈴の儀」**だ。宮中三殿の賢所にある鈴の音を、掌典職（↓P97）のうち内掌典が91回にわたって鳴らすのだ。その間、天皇は平伏して鈴の音を聞き続ける。もちろん皇室の祖神である天照大御神を呼び、その力で天皇を、日の本を、祓い清めるためである。

この神事がもとになって、各神社でもやはりお鈴の儀を行なうところがある。おもに神前結婚式のときで、巫女が新郎新婦や参列者に対して鈴を打ち振り、その清らかな音で祝福を授けるのだ。

64 神事から生まれた折り紙

日本の伝統的な遊びでもあり文化ともいえる「折り紙」の歴史は古い。

筆記媒体として紙が発明されたのは、紀元前150年前後の中国だといわれている。その後、610年に高句麗の僧侶、曇徴《どんちょう》が、絵の具や墨の製法とともに、製紙技術を日本に伝えたのだという。

当時は貴重な品である。だから宮中の重要な記録を残したり、法律書や経文を記すといった用途に使われていた。それともうひとつが、神事なのである。**神に捧げる神饌を紙で包んだり、飾ったりしたのだ。また、災厄をうつして河に流したりする「形代」にも、やはり貴重な紙が用いられた。**

やがて、より薄くて丈夫な和紙がつくられ、少しずつ普及しはじめると、紙を折り、ものを包むという行為が「作法」にまで昇華していく。とくに室町時代、武家の間では贈答品を美しく紙で包むことが流行したことで**「儀礼折り紙」**は武士が身につけるべき礼法のひとつとされていった。小笠原流や伊勢流など、さまざまなスタイルが確立した。

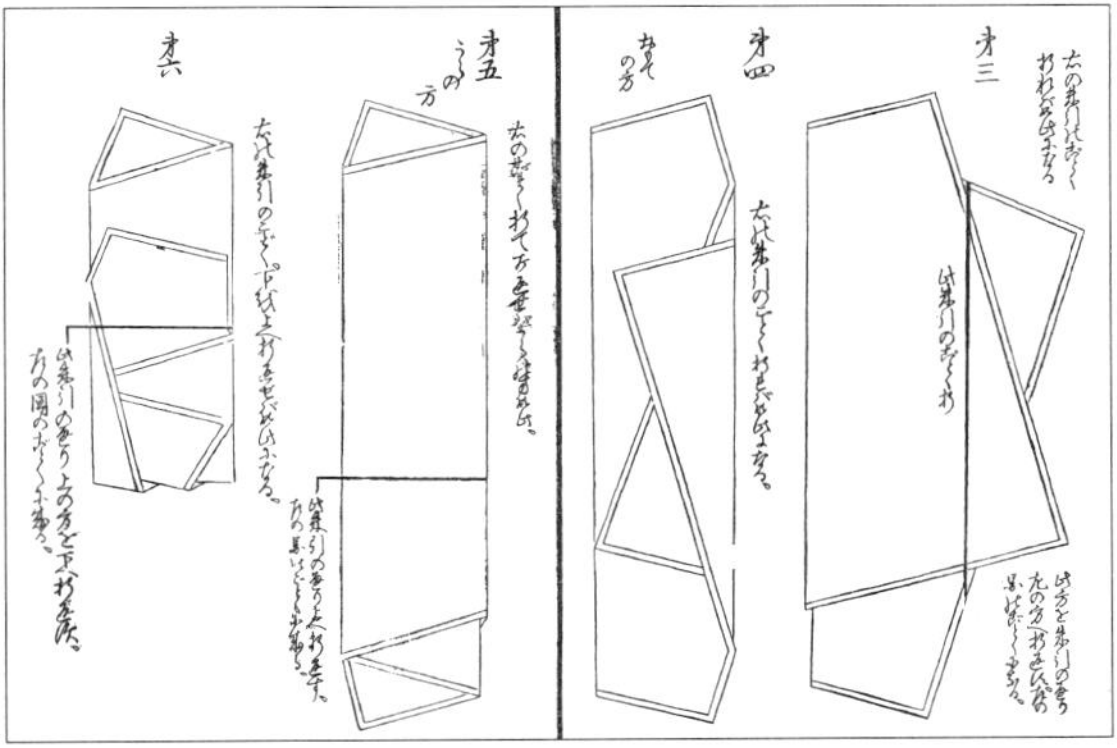

江戸時代にまとめられた「包み方集」にある折形のひとつ、
玄猪餅（亥の子餅）の包み方手順（『包結記（上）』伊勢貞丈、江戸中期）

江戸時代に入ると、紙は大量生産できるようになる。庶民にも広く紙が行き渡る。儀礼折り紙を基礎に、**遊びとしての折り紙文化は一気に花開いていく。**ちなみに、もっとも有名な折り紙の作品といえる「鶴」が文献に登場するのは1700年前後のことだ。着物の図案集の中に、折鶴が描かれているのだ。

いまも神事に折り紙は取り入れられている。玉串や注連縄などを飾る白い紙、**紙垂**《しで》だ。この折り方や切り方にも流派があり、より美しくつくるべし、とされているのだとか。この紙垂は、ぎざぎざの形をしている。稲妻をかたどったものなのだ。雷はつまり、雨の象徴。恵みの雨をもたらしてくれる神具なのだ。

65 占い、神事として発展してきた凧の歴史

大空を舞う凧《たこ》もまた中国で生まれたものだといわれる。春秋時代末期の紀元前500年ごろに活躍した、魯班《ろはん》という工匠が発明したのだという。木製で、鳥のような形をしており、敵軍の偵察や測量、通信など軍事目的で使われたそうだ。

日本に入ってきたのは平安時代のことだ。**当初は天気の観測が目的だったが、そこから発想を広げ、凧の揚がり方で豊作を占うようになった**のだ。占いはもちろん神の領域、これも神事である。なお糸が切れてしまうと凶兆だと恐れられた。

また収穫に沸く秋、神饌として凧に稲穂をくくりつけて飛ばすこともあったようだ。

やがて江戸時代に入ると手ごろなレジャーとして凧揚げが庶民の娯楽になっていく。正月には1年の吉兆を凧を揚げて占い、また5月5日の端午の節句のときには、男児の天高い出世を祈って凧を飛ばした。

いまも日本各地で神事としての凧揚げが行なわれている。静岡県の牧之原市では、5

凧あげで遊ぶ子どもたち。将棋の駒を模したもの、役者絵が描かれるもの、動物が描かれるものなどさまざまだ（「子供遊び凧の戯」一交斎小芳盛、1868 年）

月５日に「相良凧初節句神事」として凧揚げが行なわれている。初節句を迎えた男の子のたくましい成長を祈って、大空へ凧を飛ばすのだ。

愛知県・佐久島の八剱《はっけん》神社で年始に行なわれる「八日講祭」でも凧が使われる。「鬼」と書かれた大きな八角形の凧を、厄年の男ふたりが弓矢で射るのだ。見事に凧を打ち抜けば、邪気が祓われ良い１年になるという。２４０年以上にわたって続いている神事だ。

やはり愛知県の田原市では、５月下旬に「田原凧まつり」が催される。子供の立身出世を祈る神事として初凧祈願祭と初凧揚げが開かれるのだ。その後はけんか凧合戦となり、相手の糸を切ろうと激しい空中戦が展開される。市の無形文化財でもある。

66 現代の神社でも酒は欠かせない存在

神道がまだ体系化されていない、遠い神代の時代から、酒（御神酒）は神に近づくために使われてきた。酒を飲んで酩酊し、神がかりとなり、神の言葉を聞こうとしたのである。当時の酒はきわめて原始的な「口噛み酒（↓P30）」だったが、製法が発達し時代が移り変わっても、酒は神道儀式に欠かせない存在としていまに至っている。

その理由はやはり、酒をつくる米そのものにあるだろう。神事の根底にはすべて、米に対する感謝と、豊作への祈りが込められている。だから日本人は、収穫祭など四季折々に神饌として神に米を捧げるのだ。

いまでもお祓いなど神社で神事を行なうときに、酒を持参する人は多い。デパートや酒屋によっては、神饌に使う酒だというと熨斗《のし》紙と水引をかけてもらえる。このときは2本の酒を用意しておくといいだろう。神饌は神事のあとの直会（↓P42）でいただくしきたりだ。**1本を持ち帰れば、神の力を宿ったまさに御神酒を飲める**というわけだ。

大きな神社では酒樽がたくさん並べられているが、これも奉納されたものを飾っている。小さな神社でもときどき、社殿や賽銭箱に酒が置かれているのを目にするが、やはり誰かがささやかな祈りを込めたものだろう。高価なものでなくても構わないのだ。

どぶろく祭りが行なわれる岐阜・白川八幡神社（©Tamago Moffle）

神饌としてよく使われている酒は、発酵させただけの濁酒《どぶろく》だ。いまも日本各地に、神事のために濁酒をつくっている神社が40ほどある。酒蔵ではないが、製造免許を取得しているのだ。世界遺産の合掌造りで知られる岐阜県の白川郷もそのひとつで、村内の各神社では10月にどぶろく祭りが催される。賑やかに神輿が練り歩き、獅子舞が踊る中、参拝者に濁酒が振る舞われ、収穫に感謝をするのだ。なお祭祀のために特別に醸造が許可された酒なので、飲んでいいのは境内の中だけだ。

67 農耕神事に起源がある日本の国技

「相撲は神事である」

というのはよく言われることだ。

神域である土俵に、力士は塩を撒いて清める。そして神社での参拝のように拍手を打って神を呼ぶのだ。勇ましく四股を踏むことで、邪気を祓い、災厄を鎮める。勝敗を決する行司は、神職と同じ装束をまとう。そして力士の最高位、横綱が腰に巻くのは、紙垂をつけた注連縄である。相撲の作法はすべて、神事がもとになっているのだ。

いったいどんな神事であったのかといえば、**神社で相撲をとって、その勝敗によって豊作や吉兆を占っていたのである。あるいは収穫を感謝するための祭りの一環として、神前で相撲が取られた。**異能の怪力を持つ力士たちは、神に近しい存在と崇められてきたのだ。その力をもって、五穀豊穣を祈った。

一方で娯楽として、勝負ごととしても相撲は行なわれてきた。『古事記』には、建御《たけみか》雷神《づちのかみ》と建御名方神《たけみなかたのかみ》が相撲で勝負をするくだりがある。神話の時代からすでに日本人は相撲を取っていたのである。

また『日本書紀』によれば、垂仁天皇7（紀元前23）年に野見宿禰《のみのすくね》と当麻蹶速《たいまのけはや》が相撲を取っている。勝利した宿禰は、蹶速が所有していた土地を与えられたという。

5世紀から6世紀にかけては、力士をかたどった埴輪がさかんにつくられたようで、

相撲をとる当麻蹶速と野見宿禰
（『芳年武者无類』月岡芳年・画）

遺跡からひんぱんに発掘されている。中でも島根県松江市の石屋古墳から出土した力士埴輪は5世紀半ばのもので日本最古。現存するのは下半身のみだが、まわしのような文様も見られる。

奈良時代に入ると、旧暦7月に「相撲節会《せちえ》」が開かれるようになる。名のある力士たちを宮中に集め、天皇の前で相撲を

東京・両国で開かれた勧進大相撲の土俵入り
（「勧進大相撲土俵入之図」歌川国芳・画）

取ったのだ。いわゆる天覧相撲である。やはり豊作祈願の意味があったという。

相撲は次第に華やかな宮中行事となっていくが、武士が台頭する時代になると心身を鍛える手段としても奨励される。

現在のような、興行としての相撲が人気になったのは江戸時代のことだ。社寺の建設費用を集めるために**「勧進相撲《かんじんずもう》」**が取られるようになったのだ。雷電為右衛門《らいでんためえもん》や不知火光《しらぬいみつ》右衛門《えもん》といった、いまでも知られる名横綱も活躍する。エンターテインメント、スポーツとしての大相撲は、この時代に基礎がつくられた。

しかし神事としての相撲も、ずっと日本各地で続けられてきた。その象徴のひとつを、現在も愛知県今治市の大山祇神社《おおやまづみじんじゃ》に見ること

「一人角力」の神事が行なわれる愛媛・大山祇神社。「角力」の字を当てているのは、神様との力比べの神事であることを表現するためである（©Saigen Jiro）

ができる。旧暦5月5日の御田植祭と、旧暦9月9日の抜穂祭のときに、**「一人《ひとり》角力《ずもう》」**という特殊神事が営まれる。「一力山《いちりきやま》」という名の力士に扮した人と、姿の見えない相手とが3番勝負をするのだ。そして通例として、2勝1敗で一力山は破れる。この姿の見えない相手こそ、稲の神、田の神なのだ。稲作を司る神が勝つことで、その年は豊作になるのだと人々が願いを込めたのだ。

こうした側面を常に持ちながら発展してきた相撲は、純粋なスポーツとはやや異なる。あくまで実りを求める神事がその根っこにあるのだ。

68 大相撲・本場所の前日に行なわれる神事とは？

相撲が神事であることを確認できる儀式が、本場所初日の前日に行なわれている。**「土俵祭」**である。「土俵開き」とも呼ばれる。**五穀豊穣と、力士たちの無事を祈るもの**だ。

祭りを執り行なうのは、行司の中でも最高位の立行司《たてぎょうじ》である。ほかに2名の脇行司、日本相撲協会の理事長や審判部長、三役以上の力士などが参列する。

式次第は神社での神事と同じく厳かだ。まず脇行司が榊を打ち振るって、参列者と土俵とを祓い清める。次に立行司が塩をまき、祝詞を奏上する。この場の神職ともいえる立行司は、さらに**「方屋開口《かたやかいこう》」**の祝詞をもって、新しく土俵を開き、本場所を迎えることを神に奉告するのだ。

続いて神事の基本、神饌のお供えとなる。米や塩、昆布、するめ、かやの実、勝栗《かちぐり》（栗の実を乾かして臼で搗《つ》いたもの）を、なんと土俵に埋めるのだ。土俵の中央に穴を掘り、そこに神饌を納めるのである。さらに徳俵には御神酒が注がれる。土俵はまさしく、神

大相撲の土俵祭り（写真提供：毎日新聞社）

社と同じ神域であることがよくわかる。
最後に直会として参列者にお神酒が振るまわれ、土俵祭は終わる。本場所ごとに開かれている、角界にとって重要な神事なのだ。
この土俵祭は、一般に広く公開されている。入場は無料だ。相撲部屋見学と組み合わせたツアーも出ており、外国人観光客にも人気となっている。
また各相撲部屋が持つ稽古用の土俵を新しくする際にも、同じように土俵祭が行なわれる。やはり行司が祭主を務め、部屋に属する力士や関係者が参列し、神事が催される。力士ひとりひとりは、神代から続く豊穣の儀式の後継者なのだ。

69 日本サッカー協会と日本神話の意外な接点

ＪＦＡ（日本サッカー協会）のシンボルマークに描かれている鳥……これは日本神話に登場する**「八咫烏《やたがらす》」**なのである。日本代表のユニフォームにも輝くこの鳥は３本の足を持ち、人を導く太陽の化身であると信仰されてきた。『古事記』や『日本書紀』によれば、初代天皇である神武天皇が都となる地を求めて旅する「東征」にあたって、八咫烏が水先案内人を務めたという。険しい山地が続く熊野国（現在の和歌山県南部と三重県南部）を案内し、神武天皇とともに大和国（現在の奈良県）まで旅している。

こんな故事から、八咫烏はいまも熊野三山の各神社に祀られている。そのひとつ、熊《くま》野那智大社《のなちたいしゃ》のある和歌山県・那智勝浦町に生まれた人物が、**中村覚之助《かくのすけ》**である。彼は教師となったあと、東京高等師範学校（現在の筑波大学）に入学。１９０３年にイギリスの書物を翻訳して『アッソシエーション・フットボール』を出版している。日本最初のサッカーの指導書だった。さらに、これも日本ではじめてのサッカーチームを創設し、

中村覚之助（左）と熊野大社本宮の八咫烏（右の旗）
（左画像：『熊野　八咫烏』より引用）

在日外国人がつくった横浜カントリー・アンド・アスレティック・クラブのチームと対戦している。

また熊野は、平安時代の貴族、藤原成通《ふじわらのなりみち》が通い詰めた地でもある。彼は「蹴聖」と呼び称えられたほどの、蹴鞠《けまり》（足で革製の鞠を蹴りあって回数などを競うスポーツ）の達人だった。

こんな関係性に着目したのは、東京高等師範学校の覚之助の後輩、内野台嶺《たいれい》だった。日本サッカー協会の前身である大日本蹴球協会の発足に駆け回った彼は、協会のシンボルマークに八咫烏をあしらうことを発案。彫刻家である日名子実三《ひなごじつぞう》がデザインを担当し、１９３１年に完成した。以降、世紀を超えて日本サッカー界の発展を見守り続けている。

70 運動会の定番行事は豊作祈願の神事

運動会では欠かせない競技のひとつとなっている**綱引き**は、**占いの神事からはじまったもの**だ。勝敗によってその年の農作物や漁の成果を占うというもので、日本各地で行なわれてきた。年明けの儀式というところも多いが、沖縄や九州など旧暦8月という場所もある。

地域を東西や南北などふたつにわけて、綱を引き合う勝負をするのだが、例えば漁村が勝てばその年は豊漁、農村が勝てば豊作と占われた。恵みを求める神事であるから、凶兆が出ないようにするものだ。沖縄では東側の陣営が勝つと凶作が起こると恐れられたため、西側が勝つように決まっていたという地域もあるのだとか。秋田の刈和野《かりわの》では集落同士が対決し、勝ったほうがその年の市場を開く権利を得たという。

南九州などでは、綱引きのあとに綱をまるでヘビのとぐろのように巻いて積み上げる。この中に野菜や穀物を入れて豊作を祈念するのだ。ヘビは竜神に見立てられる生き物だ。

そして竜神は水の神でもあり、田畑に恵みを与えてくれる存在と考えられていた。また竜は雨をもたらしてくれる神でもある（↓P36）。竜の化身たる綱を引き合うことは、田畑に雨を呼ぶ神事でもあったのだ。そんな思いからか、綱が巨大化していったのが沖縄・那覇だ。毎年、体育の日の前日の日曜に開かれる綱引きは街を挙げての一大イベントとなる。久茂地《くもじ》交差点に大群衆が押しかける中で引かれる綱は、全長およそ200メートル、直径1メートル50センチ、重さ40トン。**「米藁で製作された世界最大の綱」**としてギネスブックにも認定された。

沖縄の「那覇大綱挽」。全長およそ200メートルの大綱を1万5000人ほどが引き合う

　この那覇大綱挽、女綱、男綱というふたつの大綱を結びあわせて引き合う。もちろん子孫繁栄を意味している。そして綱は縁起物でもある。終わった後は切れ端を持ち帰って注連縄にする人も多いとか。いずれも沖縄だけでなく、日本各地に残る風習だ。

71 かつて登山は神聖な行ないだった

いまやレジャーとすらなった富士山登頂。それでも、頂に近づく頃には厳しい道に足を取られ、落石の危険におびえ、薄い空気に苦しむ。荒々しい岩場を這うように進み、ようやく踏破した3776メートル……そこに待っているのは、神社なのである。

富士山本宮浅間大社奥宮。そう、**富士山頂は（8合目以降は）神社の境内と同じく、神域なのである。**麓には富士山本宮浅間大社があり、ここを出発点として奥宮を目指す登山者も多い。富士山は山そのものが、この神社のご神体なのである。

神社というものも、体系化された神道もなかった遠い古代、原初の日本人は巨大で確固としたものに神を見た。巨木、巨岩、滝……そしてなにより、山だった。巨木に縄を巻いて聖地とし、その前でやがて託宣の儀式を行なうようになったように、山を崇めることのできる場所を大切にした。

山を臨む地に、あるいは鳥居を建て、あるいは神籬をめぐらせ、やはり日本に現れた

富士山山頂にある浅間大社奥宮（© 名古屋太郎）

ばかりの巫女や神職が神を呼んだことだろう。その頃の神社は社もなく、見晴らす場があるだけだったという。いまでも奈良県の大神神社には本殿がない。拝殿の奥から仰ぎ見る三輪山がご神体なのだ。

日本人にとって、山とは聖地であり、信仰の対象であったのだ。人々は山に向かって神事を行ない、豊作や安寧を祈った。

そこに入ってきたものが、仏教の影響を受けた**修験道**《しゅげんどう》だった。その信者たちは、日本各地で人々に信仰されてきた山にこもり、修行することで悟りが得られると考えたのだ。いまも名高いところでは、奈良県の大峰山、山形県の出羽三山、和歌山県の熊野三山、そして富士山だ。こうした山に登ることが信仰であるという考えが広まって

富士山頂付近を登る富士講の人々。やっとの思いで登る過酷な様子が見てとれる（「富嶽三十六景 諸人登山」葛飾北斎、1830 年頃）

いった。登拝である。

拝むだけでなく、実際に登山をしてみることが大流行したのは、江戸時代に入ってからだった。一番の人気はやはり富士山である。江戸の人々は村や集落ごとに**「富士講」**をつくって少しずつお金を出し合い、ひとりずつ富士山を目指した。講の仲間全員が富士へと登るまで、みんなでお金を貯めていく庶民の知恵だ。当初からやはり、富士山本宮浅間大社を発ち、奥宮を目指すコースが人気だったそうだ。厳しい登山の果てに待つ神社への旅……これはもう神事といえるのではないだろうか。

いまもさまざまな山で、神事としての登山が行なわれている。山開き（↓P

166）神事のある神社も数多い。

山は日本人の命の源でもある。豊かな川を幾筋も刻み、村の恵みとなり、たくさんの果物や木の芽や動物を授けてくれる。そんな山から、春になると田の神が降りてきて村の暮らしを見守ってくれる。そう考えて日本人は山に祈り、神事を続けてきたのだ。

山登りを楽しみながらそんなことを考えてみるのも、ときにはいいかもしれない。

72 原始神道の名残りを見せる湯立て神事

神前に大きな釜を持ち出し、そこで湯を沸かす。束ねた笹の葉を持った神職や巫女が、これを湯に浸してあたりに振りまき、また自らも浴びて、祓いとする。**湯立て**である。日本全国各地で、おもに1〜2月の時期に行なわれていることから、冬の風物詩のようにもなっている。寒い季節に盛大に湯気を上げる様子はなかなか温かそうで、観光的な神事となっている神社も多い。

しかしこの行事には、日本の神道の原点があるのかもしれない。もともとは、**神意を問うためのもの**だったといわれる。遠い昔、村人総出の中、神前に煮立つ湯は神聖なものに見えただろう。そこで巫女が踊り、神がかり、神職が神意を探った。湯の飛び散り方などから、神の意思を推し量った。そしてこのときの巫女の姿から、巫女舞が生まれたという。

この神との和合の儀式の中、人々はさまざまな願いを、祈りを込めた。凶作からの脱

神奈川・白旗神社の湯立神楽。「笹の舞」の場面（© J.K）

却、豊作への感謝、死者の慰霊……湯立てには明らかに原始神道の息吹きが強く残っている。

湯立てのときにお面を奉納する習慣の地方もあったという。やがてそのお面をかぶり、釜の前で神に対して歌い、踊るようになった。ここに神楽の原点があるという説もある。いまでは穢れを祓う意味が強い湯立てだが、古代は託宣の場だったのだ。現在でも秋田県鹿角《かづの》市の松舘《まつだて》菅原神社や、千葉県の香取神社などで、湯立てによる占いが行なわれている。

こうした風習がいまでも、長い間、日本各地に受け継がれてきている。湯立てに、我々はどこか神を見ているのかもしれない。

73 神社に正式参拝してみよう

誰でも、いつでも体験できる神事……それが**神社でのお祓い**だろう。たいていの人は神社まで行っても、拝殿の前で一礼して、おみくじを引いて帰っていく。しかしその傍らを、なにやら社殿に入っていって、拝殿の中に座り、神職からお祓いを受けている姿を見たことがあるはずだ。

彼らはごく普通の一般人で、さまざまな思いを抱えてやってきている。厄祓い、仕事の大事な節目、学校の受験や試験などの合格祈願、厄年のお祓いなど、どんなことだってかまわない。いつものように拝殿の前で簡略化されたお参りをするのではなく、厳かに**正式参拝（昇殿参拝）**をしたいという気持ちになったら、社務所を訪ねればいい。

そこで行なわれるのは、まさに神事そのものだ。

拝殿の中に上がり、清めのお祓いを受けた後は、神職の祝詞が朗々と響き渡る。神饌も捧げる。そして**参列者ひとりひとりが、玉串を神に捧げる**のだ。

拝殿の前で参拝する人々（© Инарискийй）

このときはまず、渡される玉串の根元を右手で持ち、左手を添えて、横にして受け取る。そして神前に歩み寄る。緊張する一瞬だろう。一礼をする。玉串の根を立てるようにして先を神前に向け、祈ろう。略式の参拝よりも、はるかに神に近づいての参拝となる。

存分に願いを捧げたら、玉串は時計回りに回して根元を神前に向け、設えてある台に供える。一礼をして「玉串奉奠《ほうてん》」は終わる。

とはいえ手順はまちまちだし、気持ちがこもっていれば形式にこだわらなくてもいいという神社、神職も多い。その場で玉串の扱い方を教えてくれる場合もある。

この後、優雅な巫女舞が舞われることもある。うっとりするようなたたずまいを間

神社での正式参拝（©houroumono）

近で見ることができるのだ。

　最後はこれもさまざまな神事と同様、直会となる。神人共食（↓P42）の場だ。神饌や、お神酒をいただき、神の力をその身に宿すのだ。きっと略式の参拝よりも、ずっと晴れ晴れとした気持ちになるだろう。

　こうして行なう正式参拝は、お宮参りや七五三、神前結婚式などに限られているわけでなく、誰でも受けられる。予約が必要な神社もあるが、たいていは社務所が開いている時間であれば飛び込みでも受けつけている。なお会社、家族など団体の場合は予約を求められる場合が普通だ。そのあたりは各神社のウェブサイトなどを見てみるといい。


正式参拝なのだから服装はきっちりと。

スーツが望ましいとされるが、露出ができるだけ少なく落ち着いた格好で、素足でなければ受けつけてくれるところが多い。

なおこのときは「初穂料」というお金を納めるのが一般的だ。通常の正式参拝は5000円～。初穂とはその年にはじめて収穫された作物のこと。かつては初穂を捧げてお参りをしていたのだ。貨幣制度が発達した現在は、お金が使われているというわけだ。

昇殿して参拝すれば、太古から続く神事の姿を目の当たりにすることができるだろう。

74 半年に一度、神社でお祓いの神事を受けよう

気軽に参加できる身近な神事といえば、年に2度ある祓《はら》えの儀式だろう。毎年6月に行なわれるものを**「夏越《なごし》の祓《はらえ》」**、年末の12月は**「年越しの祓《はらえ》」**という。

このとき神社の境内には、茅で編まれた大きな輪が飾られる。直径は2メートルほどもある。この輪を、まず左回りにくぐり、次に右まわり、最後にもう一度左回りと、8の字を描くように3度くぐり抜けるのだ。すると、半年間の間にたまった厄が落ちるといわれる。神社によっては紙でつくられた形代が配られる。これを撫でることで、自分の穢れをうつすのである。そして形代は、奉納された後にお焚き上げされたり、川や海に流されていく。

この行為は決して迷信などではない。日本人の生活に即した文化であるともいえる。6月は、梅雨を前にして湿度が高くなり、感染症などに気をつけなくてはならない時期。とくに昔は、水道設備も貧弱で、衣服や家屋もいまほどのものとは言いがたかっただろ

う。だからお祓いを通じて、清潔にしようと心がけたのだ。

その一環が**「衣替え」**である。6月はいまも昔も、夏服をまといはじめる季節。服を着替え、いつもより丹念に掃除をして、新しい季節を迎える。それは**「更衣」**という名で、平安時代から宮中で続いてきた風習でもある。**半年の間にたまった穢れを、物理的な汚れとともに一掃する。**衣替えとは、神事のひとつなのだ。

夏越の祓の茅の輪くぐり（©Nesnad）

一方、年越しの祓のときの浄化の行事といえば、**大掃除**だ。夏越の祓から半年。暮らしている間に積もったほこりや汚れをきれいに掃除して、新しい年を迎えよう。そんな意味が込められた、生活を戒める神事といえる。

夏越の祓と年越しの祓、どちらも日本全国、多くの神社で催されている。誰でも参加できるので、出かけてみてはどうだろうか。

おわりに

「米がどうか、実り豊かでありますように」

それが、すべての神事に共通して込められている、ひとつの願いだ。

日本人は、明日の命をつなぐための、この冬を越すための、生まれたばかりの命を支えるための米が、今年もとれますようにと、おそらく必死で願ったのだ。それが神道や神事の原点なのだと思う。

春のはじまりには花見をして、田植えのために山から神を招いた。農作業の開始に合わせて収穫を祈る神事が祈年祭だ。暑さ厳しい夏、田畑が渇けば雨乞いの神事をした。そして秋、村は豊作に沸き、歌い踊ったことだろう。どうやら今年も食べていけそうだ。家族も元気で過ごせそうだ――。生きていくために、現代よりもはるかに苦労した時代、その安堵の気持ちはいかばかりだったろう。

稲作の1年間のサイクルに合わせて私たちは神事を行ない、祭り、四季折々を過ごしてきた。米と、米をもたらしてくれる自然への敬意を、神事として表現してきたのだ。

だから私たちは、食事の前には手を合わせ「いただきます」と、ひとつ呟く。この仕草もまた神事なのだ。

米の消費量が減っていると聞く。そんな時代でもなお、日本人の力の源は、血肉となっているのは米であると思う。神事の所作ひとつひとつには、稲作が始まった弥生の頃からの日本人の祈りが詰まっている。ときには観光がてら神社に出向いて、神事を見て、神道を体験してみてはどうだろう。

そうした神事を太古から続けてきた一家がある。皇室だ。その長たる天皇が、いよいよ代替わりをする。新しい天皇の即位にあたっては、無数の儀式が執り行なわれることになるが、これもまた神事なのだ。いったいどんな儀式なのか、どういった意味があるのか……本書では新しい時代のはじまりを告げる宮中の神事についても紹介している。

この国にとって大きな節目となる即位の神事を目の当たりにすることは、私たちの祖先が紡いできた歴史を知ることでもあると思うのだ。

【参考文献】

『神道概説』鎌田純一／学生社
『一冊でわかる神道と日本神話』武光誠／河出書房新社
『神道用語の基礎知識』鎌田東二　角川選書
『日本人として知っておきたい神道と神社の秘密』神道と神社の歴史研究会／彩図社
『日本人と神様　ゆるやかで強い絆の理由』櫻井治男／ポプラ社
『神様が宿る御神酒』大浦春堂／神宮館
『日本の神さまと神道１００の基礎知識』武光誠／宝島社
『日本語と神道』茂木貞純／講談社
『イチから知りたい！　神道の本』三橋健／西東社
『民族小事典　神事と芸能』神田より子　俵木悟／吉川弘文館
『催事百話　ムラとイエの年中行事』宮田登　萩原秀三郎／ぎょうせい
『図説　天皇家のしきたり案内』「皇室の20世紀」編集部／小学館
『これだけは知っておきたい　神事の基礎知識』藤井正雄／講談社
『生活の中の神事』田島諸介／神宮館
『雑学3分間ビジュアル図解シリーズ　日本の皇室』久能靖／ＰＨＰ研究所
『知れば知るほど　日本の祭り』菅田正昭／実業之日本社
『東京人　２０１５年４月号』／都市出版株式会社
『歴史人別冊　万世一系天皇１２５代系譜の謎』／ベストセラーズ

『プレステップ神道学』阪本是丸　石井研士／弘文堂
『図解ふしぎで意外な神道』岡田明憲　古川順弘　吉田邦博／学研パブリッシング
『天皇と元号の大研究』高森明勅／ＰＨＰ研究所

【参考ウェブサイト】

神社本庁
東京都神社庁
伊勢神宮
宮内庁
明治神宮
全日本冠婚葬祭互助協会
日本折紙協会
日本相撲協会
国立歴史民俗博物館研究報告 第１７４集　２０１２年3月「湯立神楽の意味と機能」鈴木正崇
共同通信「新元号、日本古典も選択肢」（https://this.kiji.is/403594521537004641）

〈著者プロフィール〉
火田博文（ひだ・ひろふみ）
元週刊誌記者。日本の風習・奇習・オカルトから、アジア諸国の怪談・風俗・妖怪など、あやしいものにはなんでも飛びつくライター＆編集者。東京を歩きながら寺社を巡り酒場をハシゴする日々を送る。
著書に『本当は怖い日本のしきたり』『日本人が知らない　神社の秘密』『お正月からお祭り、七五三、冠婚葬祭まで　日本のしきたりが楽しくなる本』（いずれも彩図社）がある。

日本人が知らない　神事と神道の秘密

2019年5月9日　第一刷

著者　火田博文

発行人　山田有司

発行所　株式会社彩図社《さいずしゃ》

〒170-0005　東京都豊島区南大塚3-24-4 MTビル
TEL:03-5985-8213
FAX:03-5985-8224

印刷所　新灯印刷株式会社

URL：http://www.saiz.co.jp
https://twitter.com/saiz_sha

ISBN978-4-8013-0369-0 C0139